· 몸으로 읽는 ·

세계사

• • •

사소한 몸에 숨겨진
독특하고 거대한 문명의 역사

캐스린 페트라스 & 로스 페트라스 지음
박지선 옮김

A
History
OF THE
World
THROUGH
BODY PARTS

다산
초당

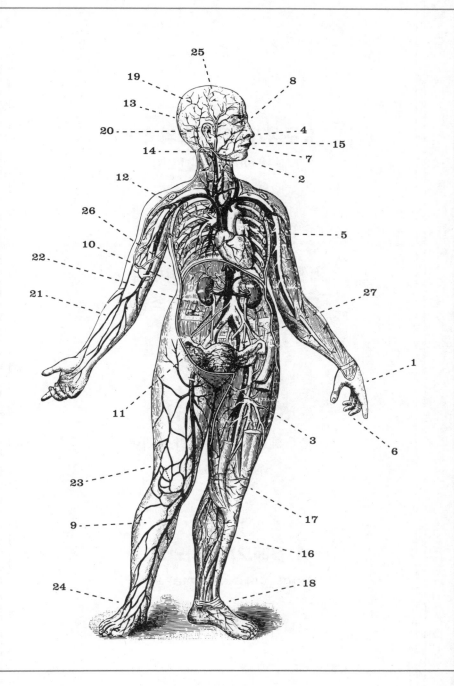

눈으로 보는 차례

차례

서문

복원한 클레오파트라의 코

이 책은 유명한 코에서 아이디어를 얻었다. 구체적으로는 클레오파트라Cleopatra의 코이고 더 자세히는 수학자 블레즈 파스칼Blaise Pascal이 남긴, 아래의 잘 알려진 기록에서 아이디어를 얻었다.

"클레오파트라의 코가 조금만 더 낮았어도 세계의 형세 는 완전히 달라졌을 것이다."

파스칼이 코에 초점을 맞춘 것에는 철학적인 의미가 있다. 그가 보기에 클레오파트라의 코는 어떤 의미에서는 보잘 것없지만 다른 의미에서는 세계사에 매우 중대한 영향을 끼쳤다. 그 코가 율리우스 카이사르Julius Caesar와 마르쿠스 안토니우스Marc Antony를 사로잡았고, 이 둘을 통해 서양에서 가장 큰 제국에 막대한 영향력을 행사했기 때문이다. 파스칼의 추론 덕분에 상황 이론contingency theory에 대한 논의와 코의 크기처럼 겉보기에 일들이 훗날 세계사에 얼마나 중요한 사건이 될 수 있는지에 대한 논의가 이어졌다.

하지만 우리의 관심사는 이보다 훨씬 더 평범하고 사소하다. 미리 말하는데 훗날 세계사에 벌어질지도 모를 일 같은 건 잊어라. 그렇다면 방금 말한 코에 관해 우리가 관심을 갖는 것은 무엇일까? 첫째, 클레오파트라의 그 유명한 코가 실제로 그렇게 높고 매혹적이었을까? 둘째, 정말 그랬다면 파스칼이 이걸 어떻게 알았을까? 셋째, 왜 그 코가 카이사르와 안토니우스의 마음을 사로잡았을까? 특히, 지금처럼 코 성형이 아주 흔한 시대에 이는 뭐랄까, 문화적으로 추구하는 바가 다른 것처럼 보인다. 로마인들은 코를 어떤 태도로 대했으며 왜 코가 그토록 중요했을까? 아니, 정말 중요하기는 했을까?

우리는 이에 대한 자료를 조사했고 그 과정에서 여러 신체 부위와 이들이 역사 전반에 수행한 역할, 특히 그 부위에 투영된 당시의 사회상에 매료되었다. 한마디로 우리는, 알려진 바에 따르면 카이사르와 안토니우스가 그랬듯이, 개별 신체에 집중함으로써 많은 것을 배울 수 있음을 알게 되었다. 그리하여 (개별적인 신체와) 개별적인 역사 이야기를 찾아 떠나는 여정이 시작되었다. 우리는 클레오파트라의 코에서 시작해 유명한 두개골부터 악명 높은 발까지, 명성이 자자한 가슴부터 옛 사람의 장에 이르기까지 역사가 얽힌 몸에 점점 마음을 빼앗기게 되었다. 무엇보다 중요한 점은, 많은 사람이 역사에 관한 글을 읽거나 역사를 생각할 때 인간의 몸을 놓치고 있다는 사실을 깨달았다는 것이다. 당연히 우리 모두 몸이 있고 역사 속 모든 인물도 마찬가지였다. 그런데 왜 우리는 몸을 이토록 무시하기 일쑤일까?

이 책에서는 역사 속의 여러 신체 부위들을 살펴본다. 여기에는 역사 속 특정 인물의 좋은 쪽이나 나쁜 쪽으로 유명한 특정 신체 부위는 물론이고 그 시대 특유의 문화나 사고방식과 관련된 포괄적인 몸이 포함되는데, 우리는 이를 구석기 시대의 손부터 우주 시대의 방광에 이르기까지 연대순으로 제시했다. 또한, '과거 사람들은 자기 몸을 어떻게 생각했을까? 그들은 몸으로 무엇을 했을까? 역사 속에서 몸은 어떤 역할을 했을까? 많은 것을 말해주는 옛사람들의 특정 신체 부위를 보고 우리가 그들의 삶과 문화를 더 잘 이해하려면 어떻게 해야 할까?' 같은 의문도 다루었다.

우리는 몸에 관심을 집중함으로써 이념이나 사상에 대한 새롭고, 종종 놀라운 통찰력을 얻을 수 있다는 사실을 알게 되었다. 레닌의 썩어가는 피부와 시신 보존 기법을 살펴보면 소비에트의 공산주의가 '현대의' 정치·경제 체제라기보다 중세 종교의 확장판에 가깝다는 사실을 알 수 있다. (이는 특히 레닌 사후에 발간된, 전형적인 칭송 일색의 전기에 잘 드러나 있다.) 고대 이집트 통치자 핫셉수트Hatshepsut의 턱수염이나 베트남 여장부 바 찌에우Bà Triệu의 가슴을 통해서는 가부장제의 영향력과 아무리 뛰어난 여성일지라도 마주할 수밖에 없었던 투쟁에 대해 알 수 있다. 즉, 아주 작은 신체 부위가 당시 사람들이 처한 상황에 대한 큰 그림을 제공하는 것이다.

좋든 싫든 우리는 모두 육체가 주어진 존재로, 살과 몸이 실재함으로써 발생하는 문제와 영예를 경험한다. 물론 때로는 부분적으로 기능하거나 기능하지 않기도 하지만, 우리 모두에게는 제대로 기능하는 몸이 있으며 이 신체 부위들은 저마다 맡은 역할을 하며 우리의 삶과 생각에 영향을 미친다. 인과 관계를 입증하기는 힘들지만, 몸이 실제로 생각을 통제하는 경우도 있다. 테멀레인Tamerlane은 두 다리가 온전히 기능했더라도 극악무도했을까? 우리는 그저 추측할 수 있을 뿐이다. 마르틴 루터Martin Luther의 장이 제대로 기능했다면 종교개혁이 일어났을까? 우리가 알 길은 없다. 하지만 우리는 루터가 만성 변비를 은연중에 자주 언급했다는 사실과, 그가 변기를 완곡하게 표현한 것으로 추정되는 '클로아카cloaca'(라틴어로 '하수관'이라는 뜻)에서 그 유명한 95개 논제를 생각해 냈다고 인정했다는 사실은 알 수 있다.

사실, 모두 알다시피, 우리 몸에는 불쾌하거나 거의 이야기에 오르내리지 않는 부분이 있다. 그렇기에 몸에 얽힌 역사가 그토록 흥미로운 것이다. 사마귀, 장, 코 같은 것들이야말로 진정 **인간적**이다. 몸에 얽힌 역사는 그동안 상당히 간과되었으나 우리는 이를 통해 많은 것들을 배울 수 있다.

우리는 몸에 초점을 맞춤으로써, 사람들이 예측하지 못한 방식으로 역사를 매우 인간적으로 만들고 과거의 사람들을 되살리고자 노력했다. 마르틴 루터와 그의 장을 예로 들어보자. 이제 우리는 조사 결과를 바탕으로, 루터가 그림이나 판화에서 주로 짓고 있는 괴롭고 불편한 표정이, 검증되지 않았을지는 몰라도 매우 그럴듯한 방식으로 뭔가를 암시한다고 생각할 수 있게 되었다! 그리고 진지하게 단언컨대, 우리가 다루는 각각의 신체 부위는 당시 시대를 더 넓은 시각으로 보는 출발점이 될 것이다.

1.

구석기 시대 여성의 손

동굴 벽화에 숨겨진 의미

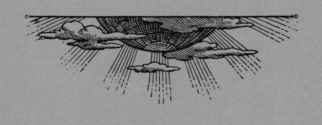

기원전 5만 년~1만 년

세계 최초의 예술 행위는 무엇일까? 손을 떠올려보라. 핸드 스텐실은 주로 빨간색이나 검은색으로 손의 윤곽을 단순하게 그린 것이다. 이것은 우연히 탄생한 예술로, 4만 년 전 혹은 그보다 이전에 시작되었다. 선사 시대에 만들어진 기묘한 핸드 스텐실은 아르헨티나부터 사하라 사막에 이르기까지 절벽 단면에서 나타났는데, 특히 깊은 동굴 속에서 많이 발견되었다. 핸드 스텐실은 인류 최초의 예술 작품으로 추정된다. 이는 인간이 실용적인 목적의 석기 말고 다른 것을 만들기 위해 환경과 영향을 주고받은 최초의 사례일 것이다. 실제로 핸드 스텐실은 예술 사조의 중요한 축이 되었다. 손을 활용한 예술 작품은 수만 년 동안 지속되었는데, 이는 인상주의나 팝 아트의 창작 기간보다 훨씬 길다. 그렇다면 이 핸드 스텐실은 우리에게 무엇을 말하려는 것일까?

먼저, 2만 8000년 전쯤으로 거슬러 올라가 프랑스 피레네

Pyrenees 산맥에 위치한 가르가스Gargas 지역의 석회암 동굴 깊숙이 들어가서, 가상의 '동굴인cavepeople' 예술가들을 따라가며 핸드 스텐실을 어떻게 만들었을지 (머릿속으로) 그려보자. 우리는 젊은 여자, 젊은 남자, 십 대 아이 둘, 일곱 살 난 아이 하나, 이렇게 다섯 명과 함께 있다. 당시, 깊은 동굴로 떠나는 모험은 주로 가족으로 추정되는 여러 세대가 모인 집단이 함께했다. 대부분 깜깜하고 이따금 종유석에서 떨어지는 물 소리를 제외하면 적막에 가까운 동굴 속을 우리는 맨발로 800여 m를 걸으며, 때로는 몸을 움츠리면서 진흙이 깔린 좁고 낮은 통로를 지나 넓고 평평한 곳에 다다른다. 누군가가 빛을, 기지를 발휘하여 송진을 묻힌 막대기 여러 개를 한데 묶어 제법 빛이 나도록 만든 조명을 들어 올리자, 저마다 빨간색이나 검은색으로 윤곽을 그린 핸드 스텐실 200개가 보인다. 이 광경은 마치 동굴 벽에 가꾼 불가사의하고 초현실적인 꽃밭 같다. 섬뜩하게도, 손 윤곽 중 절반 정도는 손가락이 잘려 나간 것처럼 비어 있다. 이제 여자가 손을 들어 동굴 벽에 갖다 댄다. (핸드 스텐실은 대부분 여성의 손이다.) 그런 다음, 직접 또는 다른 누군가가 뼈로 만든 관을(마른 상태로 침 또는 물에 섞거나 곰에서 얻은 기름을 미리 섞어둔) 입에 물고 숨을 훅 불어 붉은 물감을 내뿜는다. 3만 년 뒤의 프랑스인들이 이를 보았다면 '브왈라voilà!'(짜잔!)라고 외쳤을 것이다. 이렇게 핸드 스텐실이 벽에 그려진다.

인류학자들을 당혹스럽게 한 것은 이들이 왜 이렇게 했는지다. 왜 굳이 동굴 안으로 800m나 들어가서 손 그림을 남기

구석기 시대 여성의 손

는 수고를 무릅썼을까? 한 가지 견해는 '촉지palpation(손으로 만져서 알아내는 일—옮긴이) 이론'이다. 핸드 스텐실이 동굴 깊숙이 들어가는 다른 사람들에게 '조심해, 멈춰. 왼쪽으로.' 같은 안내나 신호 역할을 한다는 것이다. 하지만 이 의견은 구석기인들이 애당초 왜 동굴로 들어가려 했는지 설명하지 못한다. 스텐실과 동굴 탐험을 통합한 이론도 있다. 동굴은 지하 세계 깊이 들어가는 입구이고 핸드 스텐실은 영적 세계와 접촉하는 주술적 수단으로, 지하 세계에 들어가 영적 존재에게 도움을 구하고자 했으며 동굴 벽은 어머니인 대지를 상징한다고 보았다. 다음으로는 단순히 '존재를 알리고자 했다'는 이론이 있다. 핸드 스텐실은 선사 시대의 그라피티나 예술일 뿐이라는, 즉 동굴인 뱅크시Banksy(영국의 현대 미술가, 그라피티 아티스트, 영화감독—옮긴이)가 자기 일을 했을 뿐이라는 것이다.

흥미롭게도, 핸드 스텐실은 오스트레일리아 원주민들 사이에서 구석기 시대부터 현재까지 지속된 것으로 보인다. 복합적인 사회로 발전하는 5만 년 동안 줄곧 함께해 온 것이다. 20세기의 연구진 중 일부는 이 오래된 예술이 어떻게 현대에 모습을 드러내게 되었는지 알아보고자 핸드 스텐실 예술가들을 인터뷰했다. 그 결과 뜻밖의 사실을 알아냈다. 원주민들은 자기 친척들의 손자국을 알아볼 수 있다는 것이다. 핸드 스텐실은 그야말로 '개인적 특징의 기록'으로, 개인의 서명 역할을 했고 종교적인 색채가 가미되는 경우가 많았다. 어느 연구원은 다음과 같이 기록했다.

북서부 원주민들은 세상을 떠난 부족 사람들의 영혼이 가장 가까운 사람들의 공경을 원한다고 믿었다. 이런 이유에서 이들은 동굴 무덤에 찾아갔다는 기록을 남겼다. 원주민들은 동굴 벽에 손자국을 남겨둠으로써 사명을 다했다는 증거를 남긴 것이다…… 모든 부족 사람은 각각의 손자국을 알아볼 수 있는데…… 그 정확도와 신뢰도는 놀라울 정도다.

— 바제도Basedow, 1935

이는 당시 사람들이 시각적으로 매우 정교했음을 보여준다. 동물을 추적하는 게 익숙하던 문화에서는 놀랍지 않을지 모르지만 지금의 우리로서는 상상하기 힘들다. 50명의 손자국을 직접 구별한다고 생각해 보라. 선사 시대의 핸드 스텐실은 소유권의 증표로도 쓰였던 것 같다. 오스트레일리아 연구진은 가르가스의 동굴을 비롯해 몇몇 동굴에서 발견된 핸드 스텐실의 손가락이 '잘려 나갔거나' 흐릿한 점에 대해 납득할 만한 이유도 알아냈다. 초기 프랑스 연구진은 (다소 기괴하지만) 핸드 스텐실을 그린 여자들의 손가락 마디가 실제로 없었다고 생각했다. 하지만 오스트레일리아 연구진이 밝혀낸 바는 이와 달랐다. 손가락을 조심스레 굽혀서 (실제로는 마디가 있는데도) 마디가 없는 것처럼 보이게 만들어낸 핸드 스텐실은, 손가락을 굽혀 수신호를 보내는 것이었다. 전통적으로 원주민들은 정교한 손짓 언어를 사용했다. 이렇게 소리 내지 않고 말

　　　구석기 시대 여성의 손

하는 것은 먹잇감을 쫓는 사냥꾼들에게 매우 유용했고, 어쩌다 만나는 굶주린 동굴 사자를 깨우고 싶지 않았던 구석기 시대 사람들이 사용했을 수도 있다.

한 가지는 확실하다. 핸드 스텐실은 인간이 예술을 통해 의사소통한 모든 형태 중 사실상 가장 최초의 형태라는 것이다. 최초의 핸드 스텐실은 약 4만 5000년 전에 만들어졌는데, 우리가 알고 있는 인간이 아니라고 아무 이유 없이 무시당한, 딱정벌레 같은 눈썹을 한 우리의 사촌 네안데르탈인이 그렸을지도 모른다(덧붙이자면, 사실 네안데르탈인의 뇌 용량은 우리보다 10% 더 컸다). 말, 사슴, 동굴 곰 등 선사 시대의 아름다운 그림이 그려진 '동굴 미술 전성기'는 그 후 수천 년이 지나고 나서야 도래했다.

그리하여 족히 1만 년 동안은 손이 전부였다. 핸드 스텐실만 있었던 것은 아니다. 소소한 핸드 아트 기법들도 있었는데, 이를테면 (동굴 점토를 손가락으로 긁어 줄을 긋는) 손가락으로 홈 파기나 손, 손바닥, 엄지손가락 눌러 찍기 같은 것들이었다. 심지어 점을 찍어 그린 큰 예술 작품에도 손도장이나 핸드 스텐실이 장식된 경우가 많았다. 그런데 왜 손일까?

자, 손은 인간을 상징하는 것이다. 손 덕분에 우리는 정교한 도구를 만들고 환경을 적절히 활용하고 동굴 곰이나 사자 같은 경쟁자들을 물리친다. 생각해 보면 인간의 뇌는 손과 함께 진화했다. 손짓은 뇌의 발달을 촉진했다. 어쩌면 손의 움직임이 인간의 인지 능력과 의사소통 능력을 활성화하는 주요 요인이었고, 정교한 언어 능력은 그 후에 발달했는지도 모른다. 뇌의 상당 부분 역시 손과 관련되어 있다. 손을 잘 조작하는 법을 파악하려면 뇌의 많은 부분을 할애해야 한다.

예술 고유의 측면에서 보자면, 핸드 스텐실이나 프린팅은 실제로 예술 작품을 창작하는 가장 쉬운 방법이자, 실재적이고 지극히 인간적인 무언가를 표현하기 위해 떠올릴 수 있는 가장 쉬운 방법이기도 했다. 결과적으로, 이 덕분에 사람들은 자신들에게 적대적일 때가 많은 환경을 통제하는 수단을 가졌다고 느꼈다.

인간이 말(馬) 그리는 법을 알게 되기까지는 그 후 약 1만 년이라는 긴 시간이 더 걸렸다.

끝으로 앞서 언급했듯이, 영적 측면에서 핸드 스텐실은 인간이 영의 세계와 소통하는 수단이었을지도 모른다. 유사 이래로 종교와 예술은 언제나 서로 얽혀 있었다. 따라서 핸드 스텐실은 최초의 예술 활동인 동시에 종교 미술 활동일 수 있다. 이는 이시스Isis 여신을 인간으로 형상화하여 그린 고대 이집트 무덤의 정교한 그림이나 예수와 마리아를 그린 르네상스 시대 그림보다 훨씬 쉽고 원시적인 형태이지만, 시작이란 다 그런 게 아니겠는가?

이유가 무엇이든, 어느 학자가 '인간의 형상을 예술적으로 상징한 것 중 세상에 알려진 최초의 예술 형태'라고 했듯이, 궁극적으로 핸드 스텐실이 인류 최초의 자화상이라는 사실에는 의심의 여지가 없다.

핸드 스텐실의 연대를 측정할 수 없다면 얼마나 오래되었는지 어떻게 알 수 있을까?

핸드 스텐실의 연대를 추정하기 위해 과학자들은 우라늄 또는 우라늄-토륨 연대 측정법을 활용하는데, 이는 주로 작품 겉면의 광물 구조를 분석하는 방식이다. 동굴은 대부분 축축하기 때문에 세월이 지나면서 물과 (탄산염, 방해석, 극소량의 방사성 우라늄과 토륨 같은) 용해된 광물이 벽과 천장에서 스텐실 위로 떨어져 잔류물이 형성된다. 한편, 이 잔류물 속의 우라늄은 자연 붕괴하여 토륨이 된다. 과학자들은 이 잔류물의 견본을 채취하여 토륨 대비 우라늄 비율을 분석한 다음, 역으로 추론해 나이를 가늠한다. 작품을 덮고 있는 잔류물의 맨 아래층에 토륨이 많을수록 오래된 것이다. 물론, 여기에는 복잡한 문제가 있다. 광물은 벗겨질 수 있고 화학 반응이 발생할 수 있으며 측정하는 과학적 프로토콜이 다양할 수 있다. 하지만 몇 가지를 개선함으로써 이런 방식의 연대 측정을 통해 나이를 꽤 정확하게 알 수 있게 되었다. 2016년에 인도네시아 보르네오Borneo섬에서 발견된 핸드 스텐실은 최대 5만 1800년 전의 것으로 추정되어 세계 기록을 세웠다. 이처럼 인간은 아주 오랫동안 핸드 스텐실을 만들어왔다.

동굴 미술에 대한 보충 설명

최근 인도네시아 수마트라Sumatra섬에서 핸드 스텐실이 아니라 알 수 없는 동물을 그린 동굴 벽화가 발견되어 상황이 좀 복잡해졌다. (추정컨대) 5만 년 전이라는 사상 초유의 시기에 그려진 이 그림은 세계 최초의 현대 미술가의 작품이라고 할 수 있다.

2만 8000년 전으로 떠나는 짧은 여행

앞서 이야기한 짧은 동굴 여행은 사실을 바탕으로 했고, 동굴로 탐험을 떠난 인간에 관한 여러 연구를 종합하여 만들어냈다. 맨 처음 이탈리아의 바수라 Bàsura 동굴을 조사했을 때 다섯 사람이 지하에서 1km가량 돌아다닌 흔적이 발견되었다. 과학자들은 동굴의 점토 퇴적물에 굳어 있는 발자국, 무릎 자국, 손가락 자국, 손자국을 분석해 이들의 나이와 성별을 산출했다. 두 번째 조사에는 스페인에 있는 다른 동굴이 포함되었는데, 그곳에서 과학자들은 손을 놓은 각도와 손가락의 비율을 꼼꼼하게 측정했다. 그 결과, 대부분의 핸드 스텐실이 여성의 것이며 왼손이고, 스텐실은 주로 어깨 높이에서 만들어졌으며 실제로는 다른 누군가가 관을 이용해 (황토처럼) 붉은색이나 (망간산화물처럼) 검은색 물감을 불어서 스텐실을 만들었으리라는 결론에 이르렀다. 붉은색 물감으로 속을 채운 뼈가 발견되어 이에 신빙성을 더했다. 알려진 바에 따르면 산화철과 망간을 동물의 지방과 함께 짓이겨 섞은 것을 물감으로 사용했다. 세 번째 조사는 프랑스 피레네산맥의 가르가스 동굴에서 진행되었는데, 훼손된 핸드 스텐실이 많다고 알려진 이곳이 바로 2만 8000년 전 우리의 일행 다섯 명이 탐험을 떠난 동굴이다.

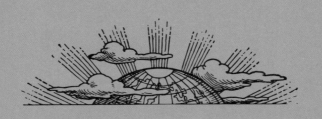

2.

핫셉수트 여왕의 턱수염

노련한 정치인의 특별한 소품

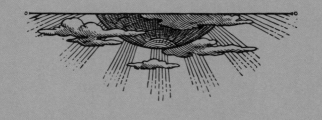

기원전 1450년

고대 이집트 상형문자를 최초로 번역한 장 프랑수아 샹폴리옹Jean-François Champollion은 데르 엘 바하리Deir el-Bahri의 기둥 구조식 고대 이집트 유적지에 갔을 때 뭔가…… 뜻밖의 사실을 알아차렸다. 바로 턱수염이 난 여성이었다.

정말 놀랍게도, 돌에 새겨진 글을 읽을 때마다 독특한 파라오 복장을 한 이 턱수염 난 왕을 지칭할 때 여성형 명사와 동사를 사용했다는 사실을 발견했다. 글에서 언급하는 대상이 여왕이기라도 한 듯이 말이다. 이러한 특이점은 모든 곳에서 발견되었다…….

남성의 복장을 했지만 여성으로 불리는 이 왕은 이집트 제18왕조의 5대 파라오 핫셉수트로, 기원전 1478년에 왕위에 올랐고 턱수염을 길렀다. 턱수염을 기른 것은 쓸데없는 변덕 때문이 아니었다. 당시 고대 이집트에서 파라오의 턱수염은 최고의 힘을 상징했다. 턱수염을 기름으로써 주로 남성에게 부여되던 정치적 힘과 정당성을 드러낸 것이다.

짐작했겠지만 핫셉수트의 턱수염은 가짜였다. 금으로 만든 턱끈에 염소수염을 붙이고 이를 얼굴에 고정할 수 있도록 귀에 거는 끈을 매달아 만든 것으로 추정된다. 하지만 단순히 그녀가 여자라서 가짜 수염을 붙였던 것은 아니다. 묘사에 등장하거나 의식에 참여하는 남성 파라오들도 가짜 턱수염을 부착했다.

고대 이집트 문명의 절정기에는 얼굴에 진짜 털을 남겨두는 것이 결례에 속하는 일이었다. 그래서 파라오를 비롯한 모든 이집트인은 매일 깨끗하게 면도했다. 무덤과 사원에 그려진 그림을 보면 (파라오의 가짜 턱수염을 제외하고) 유일하게 턱수염이 그려진 인물들은 대개 잡혀 온 적군들이다. 일상생활에서는 깨끗하게 면도한다는 규칙에 몇 가지 예외가 있었지만 훌륭한 이집트 남자들은 대부분 얼굴을 깨끗하게 잘 관리했다. 성직자들은 한 걸음 더 나아가 몸에 난 털을 전부 관리하기 위해 온몸의 털을 면도했다고 한다. 극도로 가난한 사람들만이 면도를 하지 않았던 것으로 보인다.

그런데 왜 파라오들은 가짜 턱수염을 붙였을까? 그 이유를 정확히 아는 사람은 없지만 턱수염은 신과, 특히 죽은 자들 가운데에서 깨어난 위대한 신 오시리스Osiris와 연관되어 있다. 저승의 주인이자 죽은 이들의 심판관인 오시리스는 언제나 턱

핫셉수트 여왕의 턱수염

수염이 있는 것으로 묘사되었는데, 일반적인 턱수염이 아니라 가짜처럼 보이는 턱수염이었다. 가짜 수염은 통치자와 영원히 군림하는 신 사이의 연관을 강조했고, 파라오 역시 신적인 존재라는 개념에 힘을 실었다. 그렇기에 핫셉수트가 이전의 남성 파라오들과 마찬가지로 턱수염이 달린 끈을 묶기로 한 것은 전혀 놀랍지 않다. 핫셉수트는 신성한 통치자라는 자신의 지위를 전임자들보다 더 널리 알려야 했다.

자궁을 비롯한 여성의 장기를 가진 생물학적인 여성이었음에도 핫셉수트는 파라오가 될 (사실상 유일하고) 핵심적인 자격 요건을 갖추었다. 다시 말해, 핫셉수트는 파라오였던 투트모세Thutmose 1세의 자식이었다. 투트모세 1세가 사망하자 핫셉수트는 그의 아들인 투트모세 2세와 결혼했다. 여러분의 생각과 달리 투트모세 2세는 핫셉수트의 친남매가 아니라 이복남매였다. 게다가 투트모세 2세는 그다지 유능한 파라오가 아니었다. 실제로는 핫셉수트가 왕좌 뒤에서 통치한 것으로 보인다. 투트모세 2세가 사망하자 둘째 왕비의 아들이자 핫셉수트의 조카가 왕위를 이어받아 투트모세 3세가 되었다. 투트모세 3세는 두 살밖에 되지 않았기 때문에 핫셉수트는 섭정 여왕이라는 이름으로 표면적으로는 투트모세 3세와 공동 통치자가 되었다. 하지만 두 살짜리 아이에게 국정을 운영할 능력이 있을 리 없으므로 이번에도 실질적인 통치자는 핫셉수트가 되었다.

하지만 섭정 여왕으로 7년을 보내고 나자 핫셉수트는 진짜 권력을, 자격을 제대로 갖춘 실제 파라오 역할을 원하게 되었다. 그녀는 직함과 직무를 공식적으로 채택했고 통치의 정당성을 확보하기 위해 혈통을 강조했다. 모든 훌륭한 정치인들이 그랬듯이 핫셉수트는 실제로 아버지가 그녀의 이복남매 겸 남편이 아니라 자신을 후계자로 원했다는 것을 모든 상류층 사람들에게 분명히 알리고자 했다.

그다음으로 핫셉수트는 노련한 정치인처럼 한 걸음 더 나아가 고대판 이미지 통합 전략image-identity campaign(원하는 이미지를 의도적으로 만들어내기 위해 환경을 구축하는 전략 – 옮긴이)에 착수해 성별이 유연한 파라오 역할을 자진해서 맡았다. '남성' 핫셉수트는 섭정 여왕이었던 그녀가 진짜 파라오가 되면서 발전했다. 재위 기간 초반에는 남성성이 아주 약간 엿보이는 정도였다. 당시의 조각상들은 그녀의 여성적인 특징을 그대로 드러내되 캇khat(아라비아나 아프리카산 식물의 잎—옮긴이)으로 만든 터번 같은 남성적인 장치를 더했다. 아, 물론 턱수염도 있었다. 나중에는 중성적인 모습이 되었는데, 이는 백만 년 사원Temple of a Million Years에 있는 실물 크기 석회암 조각상을 보면 알 수 있다. 여느 남성 조각상이 그렇듯이 핫셉수트의 조각상 역시 상의를 벗었지만, 그가 여성임을 알리는 가슴 흔적이 아주 미세하게 남아 있었다. 또한 어깨가 가녀리고 이목구비가 우아하며 턱수염이 없었다. 이 모습은 성별을 명확하게 구분할 수 있는 기존의 조각상과 거리가 멀었다.

이러한 변화가 지속되어 남성성은 점점 뚜렷해졌다. 후

기 조각상들을 살펴보면, 핫셉수트의 어깨는 넓어졌고 가슴의 흔적은 사라졌으며, 대신 탄탄한 근육이 생겼고 남자 같은 이목구비에 파라오를 상징하는 넓은 나팔 모양 턱수염이 있었다. 피부색 역시 무덤 벽화에 표현된 것과 달라졌다. 전통적으로 황색으로 표현하던 여성의 피부에서 황색과 붉은색이 오묘하게 섞인 색이 되었다가 마지막에는 이집트 남성들의 피부를 표현할 때 주로 쓰던 불그스름한 색이 되었다. 아프리카의 햇볕 아래에서 전쟁과 사냥과 낚시를 하여 그을린 피부를 표현한 듯하다.

핫셉수트는 공식적으로 모습을 드러낼 때는 언제나 남성의 이미지를 보여주었지만 이러한 남성화는 개인적인 성 인지 문제가 아니라 전형적인 정치 전략이었던 것 같다. 분명 그녀는 사생활 영역에서 계속 여성으로 살았다. 사원에 새겨진 글에서는 그녀를 여성 대명사로 지칭했고 전통적으로 파라오와 관련해 쓰던 칭호들을 여성형으로 바꾸려는 노력까지 했다. 이뿐만 아니라 핫셉수트는 자신의 권력에 분노하는 여성 혐오 남성에게서 스스로를 보호하기 위해, 우주의 질서를 관장하는 여신 마트Ma'at와 함께 강력한 테베 여신 우스레트Wosret와 코브라의 여신 우제트Wadjet를 자신의 왕실 이름에 집어넣었다. 이는 (특히 질투심에 찬 남성들을 상대로) 왕위를 지키는 데 그녀가 중요하게 생각하는 원칙, 즉 '최고의 공격은 훌륭한 방어다'를 강조한다. 그리고 이는 효과가 있었다. 모든 기록에서 알 수 있듯이, 핫셉수트는 파라오로서 많은 것을 이루었다. 이집트의 무역을 발전시켰고 (그녀의 시신이 안치된 곳이자 그녀를 현대 사회에 최초로 알린 그 유명한 백만 년 사원을 비롯해) 수많은 건설 사업을 감독하여, 성별을 떠나 가장 성공적으로 직무를 수행한 파라오로 널리 인정받고 있다.

핫셉수트는 자신의 딸 네페루레Neferure를 왕위에 올려 자기 혈통을 영속시키고 여성 파라오의 계보를 이어 가겠다는 혁신적인 생각을 했지만, 그 시도는 실패하고 말았다는 증거가 아주 조금 남아 있다. 실제로 다른 여성이 (여신이자) 통치자가 되기까지는 그 후 1200년이 걸렸다. 아르시노에 2세Arsinoe II는 (가문이 모든 것을 계속 움켜쥐고자) 남동생 프톨레마이오스 2세Ptolemy II와 결혼하여 공동 통치자로서 왕좌에 올랐으나 턱수염을 붙이지는 않았다(아르시노에 2세는 그리스-마케도니아 혈통 위주라서 이집트인들과 달리 턱수염을 그리 중요하게 여기지 않았다).

미라의 어금니

다른 수많은 파라오와 마찬가지로 핫셉수트의 미라 역시 본인의 무덤에서 발견되지 않았다. 그렇다면 어디에 있었을까? 1903년, (훗날 투탕카멘King Tut의 묘를 발굴해 유명해진) 이집트 연구가 하워드 카터Howard Carter는 KV 60(왕들의 계곡Valley of the Kings 60번 무덤)이라고 불리는 무덤을 발견했고, 그곳에는 여성 미라 2구가 있었다. 그중 하나에는 '시트르 인Sitre-In'이라고 새긴 표식이 있었는데, 이는 핫셉수트의 유모 이름이었다. 나머지 하나는 신원이 밝혀지지 않았다. 미라는 계속 신원 미상 상태로 남아 있다가 2007년에 신원 미상 미라를 조사하던 고고학자들이 이 미라에 치아가 하나 없다는 사실을 발견했다. 대수롭지 않은 일일 수도 있지만, 문제는 고고학자들이 핫셉수트의 대사원 근처에 있던 다른 무덤에서 핫셉수트의 왕실 이름이 적힌 카노푸스 상자(신체 부위를 담아 함께 매장하는 용기)를 발견했다는 것이다. 상자 안에는 부패한 간 덩어리와 어금니가 하나 있었는데, 그 어금니가 신원 미상 미라의 비어 있는 치아 자리에 꼭 맞았다. 그렇다면 그 미라는 핫셉수트일까? 다른 투트모세 가문의 미라들과 대조하여 DNA 검사를 했지만 아직까지 확실하게 결론이 나지 않았다. 하지만 이 미라가 정말 핫셉수트라면, 남성으로 그려진 모습이든 여성으로 그려진 모습이든 조각상으로 이상화된 모습과 상당히 다르다. 컴퓨터 단층 촬영CT에 따르면 미라는 비만 여성이고 나이는 45~60세이며 치아 상태가 좋지 않고 제2형 당뇨병을 앓았을 확률이 높다. 안타깝게도 골암을 앓은 것으로 보이는데, 전통적으로 건조한 피부를 촉촉하게 하기 위해 쓰던 피부 연고를 너무 많이 사용한 탓에 예상하지 못한 부작용이 발생했을 수 있다. 그 피부 연고에는 발암 물질이 있었다.

3.

제우스의 음경

작을수록 아름다운 그리스 미학

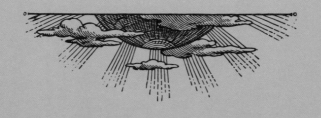

기원전 510~323년

　유명 그리스 조각상들, 이를테면 강력한 신들의 왕 제우스Zeus를 묘사한 '아르테미시온의 청동상Artemision Bronze' 같은 것을 살펴보면 너무도 확연히 드러나는, 아니 실제로는 너무도 드러나지 않는 무언가를 알아차리게 될 것이다. 바로 제우스의 음경이다. 그 음경이라는 것이…… 정말 작다. 축소되었다는 말을 하는 게 아니다.

　제우스뿐만이 아니다. 그리스의 영웅과 신을 표현한 사실상 모든 조각상은 흥미롭게도 이와 유사하게 매우 작은 음경을 자랑한다. 고대 그리스에서는 선망의 대상이 되는 남성을 만드는 요소가 현대와 매우 달랐음이 틀림없다. 이는 희극작가 아리스토파네스Aristophanes의 「구름」에서 이상적인 남성의 모습을 압축적으로 보여주는 독백에도 잘 드러나 있다.

　내가 알려주는 것들을 행하고 이를 위해 노력을 기울인

43

다면 언제나 건장한 가슴과 빛나는 피부와 작은 혀와 큰 엉덩이와 작은 음경을 갖게 되리라. 하지만 오늘날의 관행을 따른다면 우선 피부가 파리해질 테고 작은 어깨, 말라빠진 가슴, 큰 혀, 작은 엉덩이, 큰 음경을 갖게 되며 길고 장황한 판결을 받게 되리라.

그렇다. 아리스토파네스와 당대 그리스인들은 '작은 음경'을 완벽한 남성의 특징으로 꼽았다. 이 모범적인 남성의 모습에는 햇볕에 그은 피부, 잔근육, 탄탄한 몸, 평온하고 신중한 마음도 포함되어 있다. 요컨대, 탁월한 인격을 나타내는 고대 그리스 단어 '소프로시네*σωφροσύνη*'에 이러한 이상이 모두 담겨 있다.

소프로시네는 고대 그리스의 모든 곳에서 찾아볼 수 있다. 연극이나 철학은 물론이고 일상생활에서도 소프로시네는 남성이라면 당연히 도달하려고 노력해야 하는 것이었다. (당시에는 여성을 기본적으로 집에 머물러야 하며 욕정이 가득하고 열등한 존재로 인식했기 때문에 여성과 관련된 내용은 없다.) 전통을 따르는 그리스인에게 크고 불룩한 음경은 소프로시네에 맞지 않았다. 이는 문자 그대로나 비유적으로나 너무 돌출된 것이었다. 전형적인 고대 그리스 조각상은 잘 단련된 이상적인 소프로시네를 반영하듯 모든 근육이 적당히 조화롭고 과하게 돌출된 부분이 하나도 없다.

작은 음경은 다른 면에서 소프로시네를 표현하기도 한다. 미학적으로나 철학적으로 큰 음경은 나쁜 것이었다. 곧

추선 음경도 마찬가지였다. 이는 무절제와 무분별한 성관계를 상징했으므로 단연코 소프로시네가 아니었다. 하지만 예술 영역에는 미술관 큐레이터가 쓰는 정제된 용어로 '이서팰릭ithyphallic(발기한 음경)'이라고 하는 크거나 곧추선 음경에 적합한 장소가 있었다. 이런 조각상들은 지금도 주로 미술관 뒤쪽 전시실에 처박혀 있다. 사실, 1960년대까지만 해도 대영 박물관British Museum은 이들 조각상을 모두 세크레툼Secretum, 즉 '상스러운' 물건을 '순진한' 대중과 완전히 격리하기 위한 비밀 벽장에 보관했다. 이 조각상들은 거대한 음경을 자랑하는데, 주로 염소 발이 달린 판Pan 같은 기괴한 신이나 난쟁이 프리아포스Priapus에게 붙어 있었다. (지속 발기증을 뜻하는 의학 용어 '프리아피즘priapism'은 프리아포스에서 따온 명칭이다.) 여기에서 중요한 점은, 음경이 큰 신들은 인간의 이상과 거리가 멀고, 인간이 우러러보는 음경이 작은 신들과 정반대의 특성을 보인다는 것이다.

이 모든 현상에는 부차적인 해석이 필요하다. 즉, 남성의 특권을 증명하는 이중 잣대를 짚고 넘어가야 한다. 대중적인 예술 작품에서는 작고 앙증맞은, 고상한 음경을 찾아볼 수 있는 한편, 개인적인 즐거움을 위한 성적인 예술 작품에서는 언제라도 준비되었다는 듯이 의기양양하고 불룩한 음경을 찾아볼 수 있다. 결국 남성들은 양쪽의 장점을 모두 누린 셈이다. 공적으로는 소프로시네에 입각한 작은 음경이, 사적으로는 성난 황소 같은 음경이 각광받았기 때문이다.

그런데 왜 음경에 서열을 매겼을까? 오늘날에는 이상적인 음경에 초점을 맞추는 사람들을 찾아보기 힘들다. 물론, 음란물이나 심지어 고상한 체하는 성애물에서도 크기를 문제 삼으며 대체로 (어느 정도까지는) 클수록 좋다는 인식이 있지만, 음경을 확대해 준다는 광고나 '내 거시기 좀 볼래'라는 의도로 보내는 성적인 메시지를 제외하면 음경의 크기는 일상생활에서, 특히 미적인 측면에서 크게 중요하지 않다. 이와 반대로 고대 그리스인들은 언제나 음경을 염두에 두었다. 사람들은 어떻게 생겨야 최상급 음경인지 자주 생각했고, 특히 포피가 큰 음경이 칭송받았다. 그리스 간호사들은 아기의 포피를 길게 늘이고 음낭을 보기 좋은 모양으로 만들기 위해 음경을 단단히 감쌌다. 할례는 금기시되었고 노예들만 할례를 받았는데, 이들은 꽃병 속에서 할례받은 커다란 음경을 자랑스레 드러냈다. 희극에서 할례는 배꼽을 쥐는 농담의 소재로 쓰이기도 했고, 특히 불안의 원인으로 언급되었다.

이처럼 음경에 관심을 기울이는 이유 중 하나는 음경이 어디에나 있기 때문인지도 모르겠다. 일반적으로 그리스 남성들은 태어날 때부터 그야말로 넘쳐나는 음경에 둘러싸여 있다. 유년기에 이들은 체육관gymnasium에서 나체로 운동 연습을 한다. (고대 그리스어에서 'gymnos'는 '나체'를 뜻하고 동사 'gymansion'은 '나체로 연습하다'라는 뜻이다.) 시내를 거닐다 보면 사원이나 시장을 비롯한 여러 공공장소에서 생식기를 생동감 넘치는 색으로 표현해 놓은 신이나 탄탄한 영웅들의 나체

동상을 보게 된다. 그리고 거리 모퉁이 도처에서는 주추 위에 조각한 두상을 올리고 남자의 해당 부위가 있는 위치와 비슷한 하단부에 음경과 음낭을 조각한 헤르메스 주상이 보인다. (현대인의 눈에는 이 주상이 무척 기이해 보이므로 오늘날에는 많이 찾아볼 수 없다. 기이해 보이는 이유 중 하나는, 예술사 교과서에 음경을 조각해 놓은 주상의 하단부를 잘라낸 사진이 실리는 경우가 많아서 우리가 볼 수 있는 것은 위엄 있는 두상뿐이기 때문이다.) 그리스인들은 영웅, 신, 전투 중인 남자들의 부조가 장식된 공공건물을 지나가곤 했는데, 이들은 대부분 성기를 적나라하게 드러낸 나체였다. 집에서는 탄탄한 몸을 드러내고 나체로 일하는 남성이 장식된 잔에 와인을 마셨다. (흥미롭게도 그리스 꽃병에는 이성 간의 성행위와 커다랗게 발기한 성기가 그려진 경우가 많았다.) 연극을 볼 때에는 두꺼운 붉은색 가죽으로 만든 가짜 음경을 달고 있는 배우들을 볼 수 있었다. 이 가짜 음경은 주로 아래로 늘어져 있었는데, 혹시라도…… 곧게 서야 하는 경우에는 특수 제작한 음경을 착용하기도 했다. 축제 때에는 거대한 음경 모형을 든 사람이 한두 명쯤 있어야 기본적인 의식 행렬이 완성되었다.

　신들의 조각상에 묘사되었듯이 유독 고대 그리스에서 남성의 성기를 둘러싸고 야단법석이 심했던 것은 분명하다. 그렇다면 여성은 어땠을까? 여신의 조각상은 어떨까? 여기에서 그리스 미술의 더욱 기묘한 면을 엿볼 수 있다. 다음번에 미술관에 가면 남성 조각상과 같은 시기의 고대 그리스 여신 조각상을 유심히 살펴보라. 크기가 작은 것은 고사하고 아예 흔적도 찾을 수 없는 무언가를 알아차리게 될 것이다. 일반적으로 그리스의 여성 조각상에는 성기 자체가 없다. 돌출된 음순이나 골반 언저리의 둔덕 같은 부분, 음부 등 성적인 특징이나 성별을 나타내는 것이 아무것도 없다. 왜일까? 여러 학자들은 이것이 작은 음경을 이상적으로 여기는 미소지니스트 misogynist (여성을 혐오하는 남자라는 뜻으로 놀랍게도 그리스어다!)의 사고가 확장된 것이라고 생각한다. 남성들은 욕망을 억눌러야 했던 반면, 성적으로 적극적인 존재로 여겨진 여성들은 조각상에서만큼은…… 욕망을 가져볼 기회조차 거부당했다.

문학 작품에 등장하는 (고대 그리스) 음경의 문제점

음경을 비롯한 여러 성적 신체 부위를 좋아한 아리스토파네스의 기호는 고상한 체하는 빅토리아 시대 잉글랜드와 미국 번역가들에게 문제가 되었다. 1878년, 그의 희곡 「여자와 평화」를 옮긴 유명한 번역문에서는 '페오스 πέος(음경)'를 신중함이 넘치고 과하게 감상적인 '사랑의 기쁨'으로 바꾸어놓았다. 다른 번역에서는 불편함을 주는 신체 부위를 아예 삭제하기도 했다.

고대 조각상에 숨은 과학

고대 그리스의 조각상들은 사람을 그저 눈대중으로 묘사한 것이 아니라 수학적 계산을 통해 묘사했다. 새끼손가락의 마지막 관절이 비율을 결정하는 기본 단위였다. 이를 2의 제곱근 비율로 키워서 손가락과 팔을 측정하고 다시 거기에서부터 나머지를 모두 측정했는데, 아래쪽의 작은 음경에 이르기까지 모두 철저하게 비율에 따랐다. 그리고 작은 음경에도 과학이 숨어 있다. 다름 아닌 서구 과학의 아버지 아리스토텔레스는 자신의 저서 『동물의 발생Generation of Animals』에서 큰 음경이 난임과 관련되어 있으며, 그리스 남성 누구도 이로 인해 비난받고 싶어 하지 않았다고 언급했다.

소시지, 손잡이, 고대 그리스의 음경

고대 그리스인들이 음경에 대해 왁자지껄 여러 가지 떠들고 이에 매력을 부여 했음에도 음경은 신성한 대상으로 취급되지 않았다. 우리와 마찬가지로 고대 그리스인들도 신체 기관을 칭하는 음란한 속어를 사용했는데, 그중에는 꽤 친 숙한 것들이 많다. 이를테면 소시지sausage, 고기meat, 덩어리loaf, 말랑말 랑한 뿔tender horn, 꼬끼오crow(수탉의 울음소리), 장어eels, 손잡이knob, 거시기so-and-so, 손가락finger, 자루shaft, 막대기goad, 끝부분point, 말 horse, 숫양ram, 황소bull, 개dog 등이 그렇다. '대들보 남beam man'은 음경 이 큰 남성을 뜻하고 '버섯mushroom'은 단단한 남성을 뜻한다. '페오스'라는 단어는 음경을 낮잡아 이르는 말이다. 예의를 차린 말로는 '팔로스phallos, 포 스테posthe(남자아이의 작은 성기를 이르는 애칭), 사테sathe'가 있다.

규칙의 예외

최근, 음경을 연구한 고고학 분야에서 예외를, 즉 음경이 크고 곧추선 진짜 영웅을 발견했다. 바로 (그리스 역사의 극 초기인) 기원전 8세기에 만들어진 작은 청동 조각상이었다. 트로이 전쟁에서 활약한, 신화에 가까운 그리스 영웅 아이아스Ajax를 표현한 이 작품은 그에 관해 남아 있는 작품 중 가장 오래되었다. 하지만 이 조각상은 여러분이 알고 있는 전형적인 아이아스의 모습과 다르다. 길이 8cm가량의 이 조각상은 음경이 크고 단단해진 아이아스를 표현했다. 게다가 조각상의 전체 모습이 단단해진 음경을 확대한 것처럼 보인다. 그러니까 음경 안에 음경이 있는 셈이다. 왜 영웅의 음경을 (그리스인들이 보기에) 이토록 기괴하리만치 크게 만들었을까? 다음과 같은 추측이 가능하다. 이 조각상은 죽은 아킬레우스Achilles의 갑옷을 자신이 아닌 오디세우스Odysseus가 상으로 받게 되어 격분한 나머지 칼로 자결하려는 아이아스의 모습을 나타냈다. 당시 이러한 분노는 명예롭지 못한 것이었으므로 소프로시네를 잃은 남자에게 어울리는 큰 음경으로 불명예를 나타냈을 수 있다.

4.

클레오파트라의 코

마지막 파라오의 진정한 능력

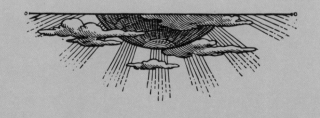

기원전 69~30년

17세기 프랑스 철학자 블레즈 파스칼에 따르면(그 역시 '평균보다 코가 큰 사람들의 모임' 소속이었다), 크기는 **매우** 중요했다. 그래서 그는 '클레오파트라의 코가 조금만 더 낮았어도 세계의 형세는 완전히 달라졌을 것이다'라는 유명한 경구를 남겼다.

그리하여 몇 세기에 걸친 철학적 의문이 시작되었고, 이를 규명하기 위해 역사를 샅샅이 살피는 작업이 몇 차례 이상 시도되었다. (1) 클레오파트라의 코가 더 낮았다면 실제로 세계가 달라졌을까? (2) 그건 그렇고 그의 코가 정말 그렇게 높았을까?

첫 번째 의문을 다루기 전에 약간의 역사 공부가 필요하다. 클레오파트라(기원전 69~30년)는 옛 로마 공화국Roman Republic이 로마 제국Roman Empire으로 옮겨가며 다른 국가를 정복하고자 혈안이 되어 있을 무렵 이집트의 여왕이었다. 클레오파트라는 로마 독재자 율리우스 카이사르 덕분에 외세의 도움을 받아 남동생이 이어받은 왕위를 성공적으로 장악했다. (클레오파트라가 카이사르의 마음을 사로잡았고 그의 아들을 낳았다고 전해진다.) 하지만 카이사르의 힘이 점점 커지는 데에 위협을 느낀 로마인들이 그를 살해하자, 클레오파트라는 자신의 왕위와 이집트의 독립을 지키기 위해 고심하게 되었다. 그래서 어떻게 했을까? 그녀는 카이사르의 자리를 두고 다투던 그의 부하 중 한 사람의 마음을 사로잡았다. (그리고 동맹을 맺었다.) 하지만 클레오파트라는 마르쿠스 안토니우스라는 잘못된 선택을 했다. 결국 이들은 (훗날 아우구스투스 카이사르 Augustus Caesar가 된) 카이사르의 조카 옥타비아누스Octavian가 이끄는 다른 파벌에게 패배했다. 전해지는 바에 따르면, 클레오파트라는 또다시 로마의 지도자를 유혹하려고 했으나 옥타비아누스에게는 통하지 않았다. 그는 이집트를 정복한 뒤에 클레오파트라를 향해 정중하게 자결을 권했다.

파스칼에 따르면, 클레오파트라가 연루된 이 모든 정치적 농간에서 중요한 요인은 그녀의 코였다. 로마의 여러 지도자는 콧대가 높고 끝이 갈고리처럼 휘어 있는, 소위 매부리코를 자랑스레 뽐냈는데, 이 때문에 높은 코가 남을 지배하는 성격을 드러낸다고 제멋대로 생각하게 되었다. 파스칼의 가설을 자세히 살펴보자. 클레오파트라의 코가 예쁘고 높지 않았다면 율리우스 카이사르나 마르쿠스 안토니우스처럼 권력을 차지한 콧대 높은 로마인들을 사로잡지 못했을 테고, 따라서 로마를 비롯한 서구 세계 전체가 매우 다른 쪽으로 나아갔을 것이다.

　사실 이 개념은 오늘날 카오스 이론 또는 상황 이론이라고 부르는 것이 고대에 반복해서 발생한 것으로 볼 수 있다. 즉, 작은 사건이나 (코처럼) 사소한 것이 훗날 엄청난 변화를 초래할 수 있다는 개념이다. 그리고 이런 철학 사조에 따라 현대에는 '클레오파트라의 코와 무작위 다공성 매체의 유동 모델링에 대한 도식적 접근' 같은 제목의 수많은 학술 논문이 쓰여, 코뿐만이 아니라 작은 변화가 훨씬 큰 문제를 유발하는 사례를 다루고 있다.

　두 번째 의문, 즉 클레오파트라의 코가 얼마나 높았는지, 정말 그렇게 높았는지는 대답하기가 훨씬 어렵다. 가장 큰 문제는 결과적으로 클레오파트라가 꽤 어린 나이에 이집트 제국을 로마 제국에 내주었다는 사실이다. 패배자들은 역사책을 집필하지 않고 초상화, 동상, 주화를 파기하거나 전시하지 않는 경우가 많다. 보는 관점에 따라 클레오파트라의 동상이 한 개라는 사람도 있고, 두 개 혹은 스무 개가 넘는다는 사람도 있다. 문제는 이들 중 그 어느 것에도 우리가 쉽게 알아보도록 '클레오파트라 7세'라고 새겨져 있지 않아서 추측만 무성하다는 점이다. 현재 바티칸에 있는 대리석 두상은 말아 올린 멜론 같은 머리 모양과 왕실에서 쓰는 왕관으로 미루어 클레오파트라가 틀림없다고, 사실상 모든 학자가 동의하는 유일한 조각상이다. 하지만 이 조각상만으로 코 모양을 추측하기는 쉽지 않다. 여러 고대 조각상들이 그렇듯이 튀어나온 코가 잘려 나갔기 때문이다. 의문의 여지가 있는 다른 여러 조각상에서도 코는 찾아볼 수 없다.

코에 대한 보다 신뢰도 높은 정보를 얻기 위해 학자들은 지금껏 발견된 몇 안 되는 주화에 관심을 돌렸다. 그중에서도 클레오파트라 시대의 수도였던 알렉산드리아Alexandria가 새겨진, 꽤 완벽하게 보존된 청동 주화에 주목했다. 어느 학자에 따르면 주화 속 클레오파트라는 매우 '눈부셨고'…… 코 역시 높고 다소 컸다. 마르쿠스 안토니우스와 함께 새겨진 후기 주화들의 경우, 클레오파트라가 그다지 돋보이지 않았다. 콧날은 오뚝했지만 목과 이목구비가 약간 육중했다. 클레오파트라는 로마의 상류층을 성적, 정서적으로 사로잡은 여자라기보다 살찐 마르쿠스 안토니우스를 여성으로 형상화한 모습 또는 고대판 프로레슬링의 유력한 도전자 같았다.

그래서 이제 우리에게는 새로운 문제가 생겼다. 클레오파트라가 달라진 것일까, 아니면 초상화가 달라진 것일까? 클레오파트라의 체격이 작았다는 사실은 의심의 여지가 없다. (카이사르를 만나기 위해 양탄자에 몰래 숨어들었을 정도였으니까.) 그렇다면 가장 그럴듯한 추측은, 클레오파트라가 안토니우스와 대등해 보이기 위해, 즉 권력을 쥔 로마인과 자신이 동등한 위치에 있음을 보여주기 위해 자신의 초상화를 바꾸는 정치적 행동을 했다는 것이다. (사실, 클레오파트라는 안토니우스보다 한 수 위였다. 두 사람이 함께 새겨진 몇몇 주화를 보면 클레오파트라가 앞면에, 안토니우스가 뒷면에 있다.)

외모를 표현하는 방식을 바꾸었다는 이야기가 나와서 말인데, '클레오파트라의 생김새가 어땠을까?'라는 이런저런 이야기들에도 사소한 문제점이 있다. (외할머니의 인종에 대해 일부 논란이 있기는 해도) 클레오파트라는 인종 면에서 거의 완전한 그리스인이었지만 이집트 여왕이 되어 신성한 신으로 여겨졌다. 여느 훌륭한 이집트 신과 마찬가지로 그녀는 사원을 지었고 사원 벽에는 이집트 전통 복장을 한 자기 모습을 새겨넣었는데, 이 조각에서는 모두 전형적인 이집트인처럼 낮은 코를 드러내고 있다.

그렇다면 실제로 클레오파트라의 코가 그렇게 높았을까? 아마 그랬을 것이다. 묘사에 따르면 그녀의 코는 크고 좁은 편이고 끝이 약간 휘어 있는, 로마에서 최고로 여기는 매부리코와 매우 유사했다. 하지만 클레오파트라는 전통적인 이집트 초상화에서는 코를 줄이고 마르쿠스 안토니우스와 함께 목숨을 걸고 옥타비아누스에 대적해 싸울 때에는 (목과) 코를 키우는 등, 상황에 따라 초상화 속 코를 키우고 다듬었던 것으로 보인다.

이는 모두 영리한 지도자가 되기 위한 노력의 일환이었고, 코가 어땠든지 간에 클레오파트라가 그런 지도자였음은 분명하다. 클레오파트라가 이집트 통치자라는 본업 이외에도 (아람어, 고대 이집트어, 그리스어, 라틴어를 비롯해) 9개 언어를 말했고 피부학에 관해 조예 깊은 논문을 썼을지도 모른다는 이야기를 했던가? 이런 사실을 알고 나면 파스칼이 틀렸을지도

모른다는 생각이 든다. 코가 높지 않았더라도 클레오파트라는
그 모든 일을 이루었으리라는 확신이 들기 때문이다.

카이사르의 빗어 넘긴 머리와 클레오파트라

율리우스 카이사르는 (모든 권력과 목숨을 잃은 3월 15일Ides of March이 되기 전까지) 독재자이자 전능한 로마의 지도자로 모든 것을 가진 남자였다. 뻑뻑한 머리숱만 빼고. 카이사르는 점점 물러나는 헤어라인을 극도로 민감하게 의식했다. 전쟁터에서 만난 적들은 이런 그의 머리를 쉴 새 없이 놀렸을 테고, 그래서 현대의 몇몇 지도자들과 마찬가지로, 독특하고 다소 측은해 보이지만 보란 듯이 머리를 빗어 넘겼다. 하지만 모두 헛수고였다. 이 로마 귀족은 머리가 심각하게 벗겨졌고, 현대 프랑스에서 최근에 발견된 조각상을 보면 그의 적들이 무슨 이야기를 했을지 알 수 있다. 누가 봐도 뒤로 물러나 있는 헤어라인은 조심스레 빗어 넘긴 몇 가닥 안 되는 머리카락으로는 전혀 가려지지 않았다. 이를 통해 다음과 같은 추측이 가능해진다. 클레오파트라는 로마인 연인에게 자신이 가지고 있던 탈모 방지약을 권했을까? 일부 학자들은 의문을 제기하기도 하지만 클레오파트라는 화장품에 관한 글을 쓰기도 했으며 초창기 논문에서는 화장품뿐만 아니라 피부학에 대해서도 다루었다고 알려졌다. 후대의 로마 의사 갈레노스Galen의 다음과 같은 연구 보고에 따르면 클레오파트라의 탈모 방지약은 현대의 탈모 치료제 로게인Rogaine과 조금도 비슷하지 않았다. "다음 약은 무엇보다…… 전체적으로 머리가 벗어진 사람들을 위한 것이다. 이것은 아주 놀라운 약이다. 여기에는 불에 태운 생쥐, 포도덩굴 재 약간, 말 이빨, 곰 기름, 사슴 골수, 갈대 껍질이 들어 있다. 이 중 마른 재료들을 가루로 만든 다음 꿀에 섞는데, 꿀을 넉넉히 넣어 꿀이 너무 뻑뻑해지지 않도록 한다. 그런 다음 곰 기름과 골수를 넣어 녹아들 정도로 잘 섞는다. 이렇게 만든 약은 놋쇠 병에 넣고 머리카락이 새로 날 때까지 벗겨진 부분에 바른다."

코로 세운 벽

클레오파트라를 비롯한 고대 조각상 대부분의 문제점 중 하나는, 시간이 지남에 따라 돌출된 부위가, 그중에서도 특히 코가 떨어져 나갔다는 것인데 이는 사고로 부서진 것이 아닌 경우가 많다. 노팅엄대학교University of Nottingham의 알렉스 멀린Alex Mullen 교수에 따르면, 사실 고대에는 대리석을 잘라 코를, 특히 인간의 코를 조각하는 것이 상당히 어려웠다. 심지어 이집트에는 리노콜루라Rhinokolura(고대 그리스어로 '잘려 나간 코'라는 뜻)라고 하는, 코가 잘리는 형벌을 받은 범죄자들이 모이는 정착지가 있었다. 그리스 비잔티움의 퇴위당한 황제 유스티아누스 2세Justinian II도 코가 잘려 나갔고, 티베리우스 카이사르Tiberius Caesar의 유명한 조카 게르마니쿠스Germanicus의 동상은 현무암 코가 잘려 나간 게 틀림없다는 증거를 보여준다. 이는 고대 기독교인들의 소행으로 추정되는데, 이들은 여기에 더해 이교도의 이마에 십자가까지 새겼다. 코가 잘려 나간 조각상은 코가 온전한 조각상에 비해 미학적으로 좋지 않기 때문에 지난 2세기에 걸쳐 열정이 넘치는 미술관 큐레이터와 수집가들이 돌로 가짜 코를 만들어서 조각상에 붙이기 시작했다. 현대의 예술 애호가들은 이런 속임수를 좋아하지 않았고 진품을 간절히 원했기에, 지금은 진품 고전 조각상에서 가짜 코를 제거하는 새로운 유행이 시작되었다. 코펜하겐의 유명 미술관 뉘 칼스버그 글립토테크Ny Carlsberg Glyptotek는 소장하고 있는 그리스와 로마 조각상에서 최근에 떼어낸, 돌로 만든 가짜 코를 (그리고 이 밖에 다양한 부속물들을) 다소 섬뜩하게 전시해 놓았다. 이 소장품 어딘가에 길을 잃고 떠도는 클레오파트라의 코가 숨어 있지 않을까 싶다.

5.

찌에우 티 찐의 가슴

유교 사상에서 여성 슈퍼히어로를 묘사하는 법

225~248년

　(베트남어로 '바 찌에우'라고 하는) 찌에우 부인은 여러 면에서 주목할 만하다. 그녀는 3세기에 베트남에서 여성 전사가 되어 중국과 싸웠고 베트남의 잔다르크Joan of Arc가 되었다. 그래서 오늘날까지 국민 영웅으로 대접받는다. 하지만 역사 속 신체 부위를 수집한다는 측면에서 찌에우 부인은 가슴으로 가장 유명하다. 더 구체적으로 말하자면, 길이가 90cm에 달하는 가슴이다.

　중국 오Wu 왕조는 1세기부터 베트남을 통치했는데, 해가 갈수록 현지의 시Shih 왕조 통치자들 때문에 애를 먹었기 때문에 이들을 몰아내고 싶어 했다. 서기 226년, 중국 오 왕조가 또다시 일치단결하여 시 왕조 통치자를 몰아내려고 베트남인을 1만 명 이상 숙청하자, 부모 없이 오빠와 함께 살던 찌에우는 맞서 싸울 때라고 마음먹었다. 이야기에 따르면 그녀의 오빠가 싸우지 말고 다른 평범한 여자처럼 결혼하라고 고집을 부렸지만 찌에우는 거절하며 이렇게 말했다고 한다. "나는 적을 몰아내고 우리 민족을 자유롭게 하고 싶어. 왜 내가 다른 사람들과 똑같이 고개를 숙이고 허리를 굽히고 노예가 되어야 해? 나는 체념한 채 보통 여자들의 운명을 받아들여 첩이 되려고 고개 숙이지 않을 거야."

얼마 후, 전통을 따르지 않았던 찌에우는 반군 전사가 되어 남녀로 구성된 1000명의 병력을 이끌고 오 왕조에 맞서 싸우며 30여 차례에 걸쳐 전투에 참여했다가 결국 패했다. 그 후 그녀가 (타고 다니던 코끼리가 자신을 짓밟게 하여) 자결했다는 이야기도 있고 구름 속으로 사라졌다는 이야기도 있다.

이에 대해 여러 이야기(이 경우에는 베트남 민간전승)가 있는데, 그중 일부는 다소 믿기 어렵고 일부는 어느 정도 믿을 만하다. 중국 병사들이 '노란 옷을 입은 여장부'를 만나느니 차라리 호랑이를 마주하겠다고 말했다는 이야기도 있고, 찌에우의 키가 280cm에 달하며 하루에 약 2400km를 걸을 수 있다는 이야기가 있는가 하면, 그녀의 목소리가 '사원의 종소리처럼 크고 맑다'거나, 그녀가 상의를 벗은 채 코끼리를 타고 전장에 뛰어들었는데 가슴이 서로 엉겼다거나 가슴을 어깨 뒤로 넘겼다는 이야기도 있다.

여러 학자들은 길이가 약 90cm라는 찌에우의 가슴을 비롯해 그녀의 모든 업적이 남성 우월주의에 젖은 유교 사상에서 전통에 순응하지 않는 베트남 여성을 다루는 방식이라는 가설을 세웠다. 베트남 여성들은 중국에 침략당해 유교 체계가 도입되기 전까지는 남성과 비교적 동등하게 대우받았다. 중국의 통치가 시작되자 여성들의 지위가 매우 낮아졌다. 그렇다면 이런 상황에서 여성 전사를 어떻게 다루었을까? 찌에우를 불멸의 슈퍼우먼이자 사람이 아닌 신으로 만들어, 유교 사회의 규범을 벗어나지 않는 범위 내에서 여성 슈퍼히어로로가 존재하게끔 만들었다.

　따라서 찌에우에 관한 이야기들 중 어느 것이 사실인지 파악하기는 쉽지 않다. 수 세기 동안 구전되어 온 설화와 전설 이외의 역사적 자료가 부족하기 때문이다. 찌에우는 중국 역사에서 홀대받았고 (중국인들에게 찌에우는 성가시고 대수롭지 않은 반군이었을 테니 당연하다) 베트남 역사에서는 베트남 초기 역사를 다룬 두 개의 문헌에만 수록되었는데, 둘 다 그녀가 살았던 시대에서 수 세기가 지난 뒤에 쓰였다. (레Lê 왕조의 정사를 다루었고) 15세기에 집필된 『다이 비엣 연대기Complete Annals of Đại Việt』에서는 그녀를 '찌에우 어우Triệu Ẩu라는 이름의 끄우 쩐Cửu Chân 출신 여성 지휘관'이라고 언급했다. '찌에우 어우'는 찌에우의 또 다른 이름으로 알려졌다. 또한 이 책에서는 '어우는 가슴의 길이가 3투억thước(1투억은 30㎝가 조금 넘는다)이라서 등 뒤로 가슴을 묶었으며 주로 코끼리를 타고 전투에 나간다'라고 가볍게 언급했다. 그리고 19세기에 집필된 『자오 찌Giao Chỉ』에서는 "성이 '찌에우'인 여성으로, 가슴의 길이가 3투억이고 미혼이며 사람들을 모아서 영지를 약탈한다. 주로 노란색 튜닉을 입고 앞이 구부러진 신발을 신으며 코끼리 머리에 타고 앉아 싸우고 사후에는 불멸의 존재가 되었다"라고 언급했다.

그렇다. '공식적인' 두 역사 기록 모두 단조롭게 기술하기는 했으나 길이가 90cm에 달하는 가슴을 반드시 언급해야 한다고 생각했다. 물론, 가슴의 길이가 90cm라서 어깨 뒤로 넘기고 다니는 여자라면 코끼리에 타고 있지 않더라도 못 본 체하기 힘들 것이다. 하지만 찌에우가 살았던 시대와 역사서가 집필된 시대에 일반적이었던, 가슴을 민감하게 바라보는 정서에 끼워 맞추기 위해서, 그녀의 가슴이 컸을 뿐만 아니라 더 중요하게는 그녀가 가슴을 공공연히 **드러내고** 다녔기 때문에 사람들의 눈길을 끌었다고 서술했다. 그리고 베트남에서는 오랫동안 가슴을 이런 식으로 묘사한 적이 거의 없었다.

전족의 역사가 있었던 (291쪽 참고) 중국에는 가슴을 동여매는 풍습도 있었는데, 중국은 베트남에 뚜렷한 영향을 미쳤다. 중국에서는 작은 가슴이 이상적인 미의 기준이었고 베트남도 마찬가지였다. 큰 가슴을 가진 여자는 소작농, 바가지 긁는 여자, 덕망 없는 여자라고 여겨졌다. 불행히도 풍만한 가슴을 타고났더라도 '가정교육을 잘 받은' 여자라면 예의 바르고 얌전하게 가슴을 숨겨야 했고, 자의 또는 매사에 결정권을 가진 남편이나 아버지의 의지에 따라 가슴을 단단히 동여매야 했다. (실제로 가슴을 동여매는 일이 쉽지 않았기 때문에 남편이 묶어주는 경우가 많았다.)

하지만 풍만한 사람들만 가슴을 동여맨 것은 아니었다.

찌에우 티 찐의 가슴

가슴이 작거나 보통 크기인 사람들도 동여맸는데, 가슴을 동여매지 않으면 외설적이라고 여겼고 가슴은 얌전한 상류층 여성이 절대 과시해서는 안 되는 것이었다. 가슴은 문자 그대로나 비유적으로나 억압당했고, 눈에 띄지 않아야 한다는 이유로 무시당했다. 예의를 차린 대화에서는 가슴을 뜻하는 단어 '부vu'조차 말하지 않았다. (비교문화와 관련된 정보: 이는 잉글랜드 빅토리아 시대에 닭의 부위를 언급할 때조차 '가슴'이라는 말을 사용할 수 없었던 것과 비슷하다.)

찌에우, 그리고 동여매지 않고 노골적으로 드러내고 다녔음이 분명한 그녀의 가슴을 깊이 생각해 보자. 가슴을 그렇게 훤히 드러냈다는 사실은 여러 의미를 지닌다. 그중 하나는, 찌에우의 가슴이 여성에게 요구되는 예의 바른 행동을 공공연히 무시하고 가부장적인 사회에 반발하는 상징이 될 수 있다는 것이다. 또한 큰 가슴을 동여매지 않았다는 것은 상류층이 아니라 평민 여성임을 나타내기 때문에 계급 제도에 반대하는 선언으로 볼 수도 있다. 이는 대중에게 널리 알려진 여성 영웅의 배경으로는 보기 드문 사례다. 이런 의미에서 찌에우의 가슴은 실로 혁명적이다.

하지만 일부 학자들은 혁명에 대항하기 위해 가슴을 활용한 것이 오히려 더 혁명적이라고, 가슴은 후대에 찌에우의 명예를 깎아내리고 그녀를 혐오스러운 짐승 같은 여성으로 만들기 위해 덧붙여진 이야기라고 생각했다. 이는 여성을, 심지어 추앙받는 여성 전사마저도 주저앉히려는 방편 중 하나였다.

물론, 찌에우를 인간이 아니라 인간을 초월한 존재로 만들기 위해 그녀의 다른 특징과 함께 가슴에 대한 이야기를 추가했다고 생각하는 이들도 있다. 그녀가 초월적 존재가 되어야 기존에 확립된 유교적 가부장제에 덜 위협적인 존재가 되기 때문이었다.

그나저나 정말 가슴 길이가 90㎝라면 양쪽을 들어 올리는 게 보통 힘든 일이 아닐 텐데.

수치스러운 패배

찌에우에 관해 더 유명한 이야기를 하나 소개하자면, 찌에우는 전쟁터에서 맹렬하게 싸웠고 전통적인 여성의 길을 따르지 않았음에도, 이와 반대로 고전적인 여성처럼 '마음이 순수'했다. 그래서 그녀의 최대 강적이었던 유 린Yu Lin(룩 잔Luc Dận이라고도 알려졌다) 장군은 효과적으로 본진을 격파하기 위해 정교하지는 않지만 다소 독특한 전술을 고안한 것으로 추정된다. 그 전술이란, 다음 전투에서 부대원들에게 바지를 벗으라고 명령한 것이었다. 이들은 바지를 벗어 성기를 만천하에 드러낸 채 흙과 먼지를 최대한 많이 일으키며 들판으로 돌진했다. (썩 유쾌한 장면은 아니었을 것 같지만 사람들 말처럼 전쟁은 지옥이니까.) 남성들이 모두 성기를 드러낸 광경은 제아무리 전쟁으로 단련되었을지라도 성격이 조신한 찌에우가 감당하기 힘들었을 것이다. 그녀는 코끼리를 돌려 전쟁터에서 달아났고 그녀가 이끌던 부대는 완패했다. 어느 이야기에 따르면, 찌에우는 투항하기를 거부하고 자결했거나 산속으로 사라졌다고 한다.

가슴이 긴 찌에우에 대항하는 음경 방어법

구전에 따르면 찌에우가 사망한 뒤에도 전쟁은 계속되었으나 상황이 달라졌다. 찌에우는 중국 부대에게 골칫거리였고, 유 린 장군의 꿈에 나타나 그를 혼비백산하게 만드는 바람에 장군은 너무 불안해진 나머지 찌에우를 쫓아버릴 다른 계획을 세워야 했다. 지략이 넘치던 장군은 나뭇조각에 수백 개의 그림을 새겨 군 주둔지의 모든 문에 걸어놓았다. 무슨 그림이었을까? 모두 남성의 성기였다. 조각한 성기 그림에 불가사의한 구원의 힘이 서려 있다고 생각한 사람은 유 린 장군뿐만이 아니었다. 음경이 액운을 물리치는 데 도움이 된다는 개념은 유 린 장군 이전에도 역사가 깊은데 특히 고대 로마 시대에 영향력이 컸다. 이러한 개념은 사악한 주술부터 악마의 눈에 이르기까지 초자연적인 대상에서 인간을 지켜준다는 고대 로마의 신 파스키누스Fascinus에서 시작되었다. 파스키누스는 판테온의 여느 신들과 모습이 달랐다. 그는 인간의 형상이 아니라 음경 모양이었다. 하지만 한낱 인간과 달리 신성한 음경인 파스키누스에게는 날개가 달려 있었다. 고대 로마인들은 날개 달린 음경을 새겨 넣고 이 신의 이름을 따서 파스키나라고 부르며 호신용 부적으로 사용했고,

이 그림을 집안에 두거나 창가에 걸어놓기도 했다. [별로 관계는 없지만 매혹적인 사실: 영어 단어 'fascinate(매혹하다, 마음이 끌리다)'는 음경 또는 사악한 주술을 뜻하는 라틴어 파스키누스fascinus 또는 파스키눔fascinum에서 유래했다.]

6.

성 커스버트의 손톱

가톨릭이 본 돈의 맛

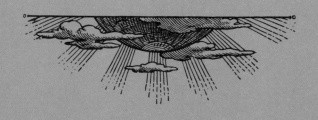

634~687년

전해지는 이야기에 따르면, 17세기 수도사 성 커스버트 St. Cuthbert는 주기적으로 손톱 관리를 요구할 사람은 아니었다. 하지만 이런 그가 손톱 관리를 요구했다…… 그것도 사망하고 몇 세기가 지난 뒤에.

생전에 커스버트는 은둔자의 조용한 삶을 택하고 죽음을 맞이하기 전까지 선한 업적으로 알려진 수도사이자 수도원 원장이며 주교였다. 그는 사후에 잉글랜드의 '기적을 일으키는 사람'이라고 불리며 북잉글랜드 Northern England에서 가장 유명한 성인이 되었다. 그에게, 특히 그의 석관 앞에서 기도한 사람들에게 일어난 기적 때문이었다. 8세기 사학자 비드 Bede의 언급에 따르면 커스버트의 시신에도 기적적인 일이 일어났다. 커스버트는 687년에 사망했는데, 11년이 지난 뒤에 그의 관을 열었을 때 그의 시신은 몇 분 전에 사망한 것처럼 '부패하지 않은' 상태였다. 그렇다. 여러 다른 성인들과 마찬가지로, 커스버트는 죽었지만 보통 사람들처럼 완전하게 죽은 것이 아니었다.

그래서 그의 시신을 더럼Durham의 성당에 안치했는데도 손톱과 머리카락이 계속 자랐다고 한다. 현대의 기록에 따르면, 11세기 더럼의 성구 관리인 앨프리드 웨스토우Alfred Westou가 커스버트의 손톱 관리사 겸 이발사 노릇을 하며 그의 손톱을 깎아주고 머리카락을 다듬어주었다. 성인이 흡족해했고 성인을 만족시키는 일은 매우 중요했다. 커스버트의 무덤은 매우 인기 있는 성지 순례 장소였고, 성인이 흡족해하면 순례객들의 기도를 들어줄 가능성이 더 높아지리라고 생각했기 때문이다. 하지만 이것 말고도 아주 좋은 점이 또 있었다. 잘라낸 손톱과 머리카락을 판매하거나 성유물로 사용하도록 다른 성당이나 사람들에게 줄 수 있다는 점이다. 가톨릭교회에서 성유물은 규모가 큰 사업이었다. 앨프리드는 성 커스버트와 관련된 자투리를 잘 나누어주었고 그 대가로 다른 성인들과 관련된 자투리나 다른 성유물을 받았다.

11세기에는 성유물에 대한 요구가 많았는데, 사실 이 요구는 수 세기 전부터 시작되었다. 8세기 말 무렵, 가톨릭 주교 회의인 제2차 니케아 공의회Second Council of Nicaea에서 '모든 축성된 제대에는 성인의 일부나 예수 그리스도의 삶과 관련된 성물을 비롯한 성유물을 한 개 이상 보유하고 있어야 한다'는 칙령을 발표했다. 이는 성유물에 열광하는 현상의 시작에 불과했다. 시간이 지날수록 성유물의 인기와 필요성은 더욱 커졌다. 성유물은 더 이상 성당이나 성지에만 있지 않았다. 성유물은 더욱 널리 펴져, 축복을 멀리까지 퍼뜨리고 기독교를 전파하는 데 쓰였다. 심지어 기사들이 서약할 때 사용하는 칼에도 조금이라도 성인과 관련된 것이 있어야 했다. 성유물은 사람들을 지켜주고 몇 가지 기적을 일으킬 수 있었다.

처음에 가톨릭교회는 성인들의 시신을 조각조각 자르거나 일부를 떼어낸다는 생각을 좋아하지 않았지만 기술적인 면에서 단서를 달았다. 시신을 훼손하지 않고 **자연스럽게** 떼어낼 수 있는 것들은 나누어도 좋다는 것이었다. 그래서 커스버트의 경우처럼 머리카락, 치아, 잘라낸 손톱 같은 것들을 거둬들여 가톨릭 예법에 맞게 전시하기 시작했다. 물론 전시 장소는 방문객이 기도할 수 있는 성당, 대성당, 성지 같은 곳이었다. 시간이 지나면서 가톨릭교회는 성인의 시신으로 할 수 있는 일에 더 관대해졌는데, 성유물이 더 널리 퍼질수록 전교 측면에서 좋았고 당연히 돈을 벌기에도 좋았기 때문인 듯하다.

이 시점에 성유물이 성당에서 왕족에게로 퍼져 나갔다. 그런 다음에는 평민들, 구체적으로는 성유물을 살 돈이 있는 평민들도 개인적인 용도로 성유물을 구입하기 시작했다. 구원을 바라는 마음에 구입하는 경우도 있었고 집 안에 예배당을 꾸미기 위해서나 마을에 순례객과 돈을 끌어모으기 위해 구입하는 경우도 있었다.

먼 훗날인 1563년, 트리엔트 공의회Council of Trent가 성유물이 있는 곳에서는 '미신과 관련된 모든 것과 불결한 돈을 모두 없애야 한다'고 강조했음에도, 주교를 비롯해 많은 사람이 그다지 관심을 기울이지 않았다. 성유물은 거대 산업이 되었기에 많을수록 좋았고 교회는 더욱 부유해졌다. 중세 시대 종교에서 성지를 방문한다는 것은 디즈니랜드Disneyland로 떠나는 여행과 마찬가지였으므로 더러운 돈이 행복하게 흩뿌려졌다. 여행 중인 순례객들은 성물과 기념품은 물론이고 숙박과 식음료에 돈을 썼다. 서로 다른 지역사회에서 자기 동네의 성인(운이 좋아서 동네에 묻힌 성인이 있는 경우)이나 성인의 일부(성유물이 있는 경우)가 옆 동네의 그것보다 더 많은 관광객과 돈을 끌어오기를 원했기 때문에 경쟁이 제법 치열했다. 그렇다 보니 여러 장소에서 순례객은 물론이고 성유물을 두고 경쟁하는 지경까지 이르렀다. 어느 성당에서 사라진 성유물이 다른 성당에서 느닷없이 나타나기도 했다. 그리고 이러한 상황은 점점 심각해졌다. 사람들이 성인의 일부라도 만져보기를 너무도 간절히 원했기 때문에 때로 경비원들은 시신 일부를 몰래 가져가려는 사람들을 막기 위해 성인의 시신을 지켜야 했다. (가끔 이들은 나이 든 수도자들이 살해당하지 않도록 지키는 일까지 해야 했다고 한다.)

성유물의 신원을 확인하는 일이나 신원 확인을 잘못해서 발생하는 문제도 있었다. 당시에는 DNA 검사가 없었기 때문에 뼈나 신체 일부가 사람들이 말하는 성인의 것이 진짜 맞는지 정확하게 확인하기가 쉽지 않았다. 어쨌든 쇄골이나 턱뼈나 정강이뼈는 누구의 것이든 비슷하게 생겼으니까. 이 뼈가 특정인의 것이라고 누가 말할 수 있었겠는가? 이런 이유로 신학자이자 대주교였던 요하네스 크리소스토무스Johannes Chrysostomus는 결국 그리스에서 한 개, 러시아에서 한 개, 이탈리아에서 두 개, 이렇게 네 개의 두개골이 '공식적으로' 발견되었다. 1204년, 십자군은 그의 두개골과 다른 성유물을 콘스탄티노플에서 로마로 가져갔다. 하지만 이 과정 어딘가에서 실제 두개골이 다른 장소로 가거나 그 수가 늘어났는데, 이 때문에 여러 성당에서 자신들이 가진 성유물이 진짜라고 주장했다.

시간이 지남에 따라 성유물에 열광하는 현상도 시들해지기 시작했다. 열광이 지나친 나머지 부작용이 나타났기 때문인 듯하다. 14세기에 보카치오Boccaccio나 초서Chaucer 같은 작가들이 이런 현상을 풍자했으며, 16세기가 되자 성유물과 외부로 퍼져 나가 '성유물'이라고 주장하는 것들이 너무 많아진 나머지, 종교 개혁가 장 칼뱅John Calvin은 소위 '성 십자가True Cross'라고 부르는 것이 너무 많아서 큰 배를 만들 수 있을 정도라고 불평했다.

물론 성인의 시신이 부패하지 않은 경우는 성 커스버트의 사례가 유일했다. 아니, 그런 줄 알았다. 잉글랜드 종교개혁English Reformation이 전국을 휩쓸 당시, 더럼의 대성당이 약탈당했고 성 커스버트의 무덤이 파헤쳐졌다. 하지만 그는 무덤 안에 없었다. 수도사들이 숨긴 것이 틀림없었다. 성 커스버트의 유해는 1827년 대성당 소유의 땅에서 비밀 무덤이 발견되기 전까지 실종 상태였다. 당시 비밀 무덤의 사체는 전처럼 완벽하게 손상되지 않은 시신이 아니라 흔히 볼 수 있는, 부패한 시신이었다. 누구의 시신인지 아무도 확신하지 못했지만 더럼 대성당의 성 커스버트라고 표시되어 있었다. 그럼에도 순례객들과 신자들은 기적을 일으키는 사람을 만나기 위해 지금도 더럼 대성당에 간다.

지금은 중세 시대만큼 종교가 삶의 중심에 있지는 않지만, 여전히 수많은 성지와 성당에는 순례객과 신자들을 위한 성유물들이 전시되어 있다. 그리고 지금도 성유물을 구입할 수 있지만, 21세기를 맞아 가치가 급락했음이 분명하다. 이제 사람들은 더 이상 성유물을 보기 위해 순례를 떠나지 않는다. 구글에서 '성유물 판매'를 검색하면 "이베이에서 판매 중인 마리아 막달레나Mary Magdalene 성유물. 농담 아니고 여기 다 있습니다"라는 결과를 얻는다. 그리고 실제로 그렇다. 이베이 웹사이트에는 마리아 막달레나와 관련된 소소한 성유물과 성 알폰수스 리구오리St. Alphonsus Liguori의 뼛조각은 물론이고 순교자들의 갖가지 최상급 성유물 36점에 이르기까지, 수많은 성유물이 있다. (친절하게도 이 목록에는 여러분이 새것을 구매한다고 착각하지 않도록 '중고'라고 표시되어 있다.)

직접 만드는 성유물

어떤 사람들은 성유물에 자기 손을 (또는 다른 신체 부위를) 직접 갖다 대려고 상당한 노력을 기울인다. 유명한 성유물 사업가 중 포르투갈의 도나 이자벨 드 카롱Doña Isabel de Carom이라는 사람이 있었다. 1554년, 그녀는 고아Goa의 대성당에 전시된 성 프란치스코 하비에르St. Francis Xavier의 유해를 보러 갔다. 그리고 그의 발에 입 맞추려는 듯이 경건하게 고개를 숙이고는…… 오른발 새끼발가락을 물어뜯었다. 그런 다음 그 발가락을 가지고 포르투갈로 도주하여 자신의 가족 예배당에 소중히 모셨다. 수익이 높은 순례 사업에 이용하기 위해서였다. 오랜 세월이 지나 고아가 인도의 일부가 되어 마침내 발가락이 프란치스코 하비에르의 나머지 몸에 돌아갈 때까지, 그의 발가락은 논쟁의 중심에 있었다.

7.

쇼크 부인의 혀

신을 부르는 최초의 바디피어싱

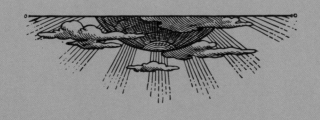

700년

1300년 전보다 더 오래된 옛날, 멕시코 치아파스_{Chiapas}의 정글에 있는 어느 사원의 후미지고 어두운 방에서 마야의 도시 야스칠란_{Yaxchilán}에서 온 카발 쇼크 부인_{Lady K'abal Xoc}이 유혈이 낭자한 가운데 극도로 고통스러운 의식을 치르고 있었다.

남편인 야스칠란의 왕 '피의 군주_{Blood Lord}'가 타오르는 횃불을 들고 지켜보는 가운데, 쇼크 부인은 가오리 등뼈로 추정되는 것으로 자신의 혀에 재빨리 구멍을 뚫은 다음, 그 구멍에 날카로운 화산 유리 조각을 줄줄이 달아 매듭지은 노끈을 끼워 넣는다. 그저 장난 삼아 하는 일이 아니었다. 이 마야인들에게는 최대한 많은 피가 필요했고, 혀에는 설 동맥이 지나가 피를 충분히 공급할 수 있었다. 당연하게도 쇼크 부인의 혀에서 아주 많은 피가 쏟아져 나와 뺨의 장식품에 얼룩을 남기고 얼굴을 타고 흘러내려 바구니에 담긴 길고 가는 종잇조각 위로 후드득 떨어졌다. 피에 물든 종이는 곧 신들에게 바치는 제물로 불에 태워질 테고, 쇼크 부인은 무아지경의 환각 상태에 빠져 뱀의 환영을 만나게 될 것이다. 이 모든 것은 야스칠란에 복을 가져오기 위해 하루 동안 벌인 일이다.

이 의식은 그들이 통치하던 치아파스주 우수마신타강Usumacinta River 기슭의 도시 야스칠란에 있는, 쇼크 부인이 의식을 거행했을 것으로 추정되는 곳이자 무덤이기도 한 장소의 석회암 상인방lintel (문 윗부분을 가로지르는 구조물로, 문틀 윗부분 벽의 하중을 받쳐준다―옮긴이)에 기록되어 있다. 우리는 의식의 세부 내용을, 쇼크 부인이 혀에 구멍을 뚫은 날짜를 알고 있다. 마야력으로 5 Eb 15 Mac, 즉 서기 709년 10월 28일이었다. 이 역시 석회암 상인방에 새겨져 있었다. 우리는 쇼크 부인이 마야 문명에서 손꼽히게 영향력 있는 여성이었고, (이 잠나아즈 바알람 2세Itzamnaaj B'alam II 또는 실드 재규어 왕Lord Shield Jaguar으로도 알려진) 남편 피의 군주 역시 매우 중요한 영향을 끼친 왕이었으리라고 생각한다.

마야 상형문자가 해독되기 전까지는 쇼크 부인과 실드 재규어 왕에 대해 사실상 알려진 바가 전혀 없었고, 피를 흘리는 의식인 차브ch'ahb'에 대해서도 거의 알려지지 않았다. 따라서 무덤 벽에 화려하게 새겨진 묘사에서 정확하게 무슨 일이 벌어지고 있는지에 대한 추측이 난무했다. 실제로, 통찰력이 돋보이지는 않지만 작품을 많이 발표한 1960년대의 어느 작가는 이와 비슷한 의식을 묘사하여 조각한 수많은 그림을 조사한 뒤에, 어찌 된 노릇인지 이 그림들이 외계인이 지구에 찾아온 증거라고 가정했다. 작가의 가정은 틀렸지만 (사실 그는 사실상 모든 것을 외계인이 찾아온 흔적으로 보는 것 같았다), 오히려 그의 책은 엄청난 베스트셀러가 되었다. 그러나 1970년대에 복잡한 마야 상형문자를 읽는 데 극적인 돌파구가 마련되어 피를 뽑은 쇼크 부인을 조각한 그림을 깊이 있게 연구할 수 있게 되었다.

쇼크 부인이 피를 뽑는 의식을 치른 곳은 문과 상인방이 많은 저택이었는데, 의식과 관련해서 중요한 것은 24, 25, 26번 상인방이었다. (이 중 두 개는 1800년대 말에 영국 고고학자 앨프리드 모드슬레이Alfred Maudslay가 발견했다. 그는 늘 하던 대로 이것들을 모두 배에 실어 본국인 잉글랜드로 즉시 보냈고, 세 번째만 계속 멕시코에 남게 되었다.) 셋 중 (가장 묘사가 잘된) 첫 번째 상인방에는 혀에 구멍을 뚫는 유혈 낭자한 의식이 기록되어 있었다. 이 의식에서 상처를 내는 곳은 혀뿐만이 아니었다. 남성은 음경에 구멍을 뚫기도 했고, 남녀 모두 귓불, 콧구멍, 입술에 상처를 내기도 했다. 마야인들에게는 뾰족한 물건을 두려워하는 선예 공포증이 없었음이 틀림없다. 1500년대에 마야 땅을 점령한 초창기 스페인 콩키스타도르conquistador(15~17세기에 아메리카 대륙으로 진출한 스페인 정복자들을 일컫는 말—옮긴이)는 이러한 관습을 보고 몹시 놀라워했다.

물론, 스페인에도 피를 흘리는 형태의 고유 의식이 있었다. (당연히 허가를 받아야 했고 종교적인 목적이었다.) 스페인 종교 재판Spanish Inquisition에서 시행한 이 의식에는 팔을 고문 도구로 비틀어 뜯어내고 펜치로 생살을 자르고 엄지손가락을 조이는 편리한 고문 도구를 사용하는 등의 '문명화된' 관행이 포함되었다. 일부 사람들은 이러한 기술들을 유카탄반도Yucatan에서 가져와 종교 재판에 도입했다고 말하기도 했다. 다소 아이러니하게도, 콩키스타도르 중 한 명이었던 디에고 데 란다Diego de Landa 주교는 자신의 책 『유카탄반도에 관한 이야기An Account of the Things of Yucatan』에서 자발적인 유혈 의식을 못마땅한 듯이 서술했다.

> 때로 그들은 자신의 귀에 온통 길게 상처를 내서 피를 제물로 바쳤고, 상처는 징표로 남도록 했다. 또 어떤 때에는 뺨이나 아랫입술에 구멍을 뚫었다. 또한, 신체 일부를 자르거나 혀에 교차하는 구멍을 뚫어 식물의 줄기를 통과시키는 등 극심한 고통을 자초했다. 이뿐만 아니라, 공동체 구성원의 몸에서 필요 없는 부분을 잘라내 살에 상처를 남겼다. 이러한 관습 때문에 인도 역사가들은 이들이 할례를 행한다고 말한 것이다.

그런데 마야인들은 왜 이런 의식을 치렀을까? 피 흘림 의식 이후의 일을 보여주는 그다음 상인방인 25번에서 그 답을 일부나마 찾을 수 있다. 피에 흠뻑 젖은 종이가 담긴 바구니 두 개를 든 쇼크 부인은 극심한 고통을 느꼈을 테고 피를 흘려서 어지러운 상태로 환각을 보았을 텐데, 그녀는 이 상태로 일부는 뱀이고 일부는 지네 모양을 한 '뱀의 환영'을 올려다보았다. 뱀의 벌린 입 속에는 왕가의 시조가 체화된 모습을 드러내고 있었다. 그 아래에는 마야의 무시무시한 태풍 신 차아크Chaac 가 있었다. 피의 의식은 그야말로 하늘이 부여한 정치적 정당 성과 관련되어 있었다.

처음에는 이런 모습이 제물을 바치는 세계 다른 지역의 이야기와 크게 달라 보이지 않았지만 이 의식에는 뭔가가 더 있었다. 쇼크 부인은 신들을 직접 보고 그들과 의사소통했을 뿐만 아니라 서로 보답하는 차원에서 신들에게 자기 피를 양 식으로 제공했다. 그리고 확실치는 않지만, 마지막 26번 상인 방을 보면, 환영을 보던 쇼크 부인이 남편에게 전쟁에 나가 싸 울 힘을 불어넣느라 분주해진다. (그건 그렇고 쇼크 부인에게 신들이 부여한 힘이 있는 게 아닐까 의심한 시민이나 적군이라면 적잖이 실망했을 것이다. 쇼크 부인의 피 흘림 의식은 남편에게 기 운을 불어넣는 작용을 한 것으로 보이기 때문이다. 그녀의 남편 피 의 군주는 여러 전쟁에서 싸우고 승리를 거두었는데, 80대가 되어 서도 수많은 전투에 참전했다. 그는 90대에 사망했고 그때까지도 전쟁 중이었다. 피가 효과가 있었다.)

그렇다면 왜 하필 피였을까? 정답은 없지만 메소아메리 카인들의 삶은 그야말로 피에 젖어 있었다. 이 중에서 마야인 들보다 북쪽을 통치하던 아즈텍인들이 가장 유명한데, 이들 은 주로 희생 제물의 심장을 뜯어냈기 때문에 많은 주목을 받 았다. 물론 마야인들도 이런 식의 유혈이 낭자한 제물을 싫어

하지 않았다. 그 핵심적인 이유는, 신들이 인간에게 생명을 불어넣기 위해 자신들의 성스러운 피를 내주었기에 인간은 쇼크 부인처럼 신에게 자기 피를 양식으로 내주어 우주의 질서를 유지해야 한다고 믿었기 때문이다.

최근 연구 결과에 따르면 마야의 피 흘림 의식은 마야 영토 남부에 집중되어 있었고, 특히 마야 문명 전성기가 끝나갈 무렵에 성행했다. 어느 학자는 '마야인들은 자신들의 세계가 무너지는 것을 보고 주위의 신들과 소통하고자, 필사적으로 노력했던 것 같다'라고 했다.

어쩌면 그들은 적들에게 과시하고 싶었는지도 모른다. 어쨌든 혀에 구멍을 뚫어 화산 유리 조각을 꿰어 넣으려면 꽤나 용감해야 했을 테니까.

쇼크 부인의 혀

책 불태우기

디에고 데 란다 주교는 스페인에서 피 흘림 의식이 절대적으로 '금기시되는 일'이고 채찍질이나 높이 묶어 올리는 방법이 더 일반적이라고 주장했다고 알려졌지만, 그는 스페인 종교 재판에 마야의 풍습을 도입하면서 '유용한' 고문 방법도 함께 들여왔다. 물론 이에 조심스럽게 반대 의견을 표하는 사람도 있다. 하지만 데 란다는 또 다른 잔혹 행위로도 잘 알려져 있다. 다름이 아니라, 찾아낼 수 있는 모든 마야의 책을 다 불태운 것이다. 쇼크 부인의 피 흘림 의식과 마찬가지로 우리는 데 란다가 책을 대학살한 날짜를 정확히 알고 있다. 1562년 7월 12일이었다. 데 란다는 "우리는 이 문자(마야 상형문자)로 쓰인 책을 아주 많이 찾아냈는데, 책에는 미신과 악마의 거짓말로 보이지 않는 것이 하나도 없었기 때문에 책을 모두 불태웠다. 그들(마야인들)은 놀라우리만치 애통해했고 이로 인해 엄청난 비탄에 빠졌다"라고 했다. 엄청난 비탄에 빠진 사람들에 당시 마야인들뿐만 아니라 현대의 학자들도 추가해야 할 것 같다. 현재 불에 타지 않고 남아 있는 마야의 책은 (필사본) 세 권뿐이다. 그래서 이 매혹적인 문명의 상당 부분은 결코 알려지지 않을 것이다.

이제 아즈텍인들
이야기를 하자면……

그렇다. 어쩌면 여러분은 올멕Olmec, 톨텍Toltec, 아즈텍, 마야를 비롯한 중부 아메리카의 훌륭한 문명에는 대부분 피와 관련된 것이 있었다고 할지도 모르겠다. (서구 세계도 마찬가지였다. 하지만 로마, 그리스, 근동 지역에서는 숯에 태운 고기도 희생 제물로 많이 바쳤다.) 오늘날에는 이들 중 아즈텍 문명이 가장 잘 알려졌을 것이다. 하지만 하나만 짚고 넘어가겠다. 아즈텍인들은 현대의 영화나 소설에서 묘사하듯이 피라미드 꼭대기에 피에 젖은 제물을 바치는 것에 그치지 않았다. 마야인들처럼 아즈텍인들 역시 개인적으로 피 흘림 의식을 행했지만 마야인들과 다른 점이 있다면 그들은 흑요석, 뼈, 용설란 가시를 사용했을 수도 있다는 것이다. 하지만 아즈텍인들도 마야인들처럼 피에 젖은 긴 종잇조각들을 태워 제물로 바쳤다.

산 제물을 바쳐야 할 때에는 동물을 바쳤지만 인간을 제물로 바친 것으로도 잘 알려져 있다. 놀랍게도 이때 아즈텍인들은 대개 자제력을 발휘했다. 아즈텍인들은 제물로 바칠 포로를 잡기 위해 소치야오요틀xochiyaoyotl, 즉 '꽃의 전쟁'이라고 하는 형태의 전쟁을 주로 벌였는데, 필요한 인원을 잡아들이면 전쟁은 끝났다. 이 문명에서는 유럽 같은 백년전쟁Hundred Years' War은 벌어지지 않았다.

아즈텍인들은 포로 중 매우 용감하거나 잘생긴 사람들을 (또는 용감하고 잘생긴 사람들을) 선발해 피라미드 꼭대기로 끌려가는, 결코 좋다고 할 수 없는 영예를 안겼다. 그런 다음 이들을 돌로 만든 특별한 연단에 눕히고 흑요석이나 석기로 만든 칼로 가슴을 절개하여 피범벅이 된 심장을 꺼냈다.

이 시점에서 희생자에게는 중요한 일이 아닐 테지만, 희생자의 심장은 (쿠아히칼리cuauhxicalli라고 하는) 특별한 돌그릇이나 차크물chacmool(비스듬히 누운 돌조각상으로, 허리에 그릇이 있다)에 담긴 다음, 특정 신에게 바치는 제물로 불에 태워졌다. 아니면, 희생자의 목을 자르거나 팔다리를 자르거나 피부를 벗기기도 했고, (진 사람이 모두 죽는) 공 게임을 하라고 시키거나 (심장을 꺼낸 다음) 불에 태웠다. 로마의 검투사 결투에 해당하지만 다소 확률이 불공평한 아즈텍식 결투를 통해 죽이기도 했다. 결투에서 희생자는 몸이 묶인 채 깃털 달린 몽둥이를 들고 상대는 날카로운 흑요석 칼을 들었는데, 흥미롭게도 여기에는 로마의 검투사 결투와 유사한 점이 있다. 로마 검투사 결투는 명백히 종교에 기원을 두고 있고 아즈텍 문명도 마찬가지였다. 또, 로마인들 이전의 에트루리아인들의 경우, 종교적인 장례 의식에서 이 전투가 시작되었다.

8.

알 마아리의 눈

눈 덕분에 성공한 아랍 시의 거장

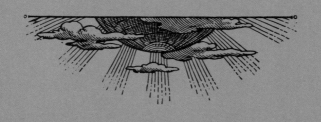

973~1057년

2013년 봄, 알 카에다al-Qaeda 시리아 지부 요원들은 1년 동안 바랐던 꿈을 이루었다. 바로 어느 조각상의 머리를 베어 낸 것이다.

이 참수는 예술에 대한 범죄 행위라고 보기는 힘들었다. 여러 미술사학자에 따르면 이 흉상은 졸작에 가까운 것으로, 전혀 시각장애인처럼 보이지 않는 날카로운 눈빛을 하고 터번을 두른 시각장애인 남성의 조각상이었다. 이 흉상은 어느 시각장애인의 업적을 기리기 위해 1944년에 조각한 것인데, (미국의 장군 조각상들을 생각해 보면) 대상을 매우 미화했다. 이 사람은 아부 알 알라 아흐마드 이븐 아브드 알라 이븐 술라이만 알 타누키 알 마아리Abū al-Alā’Aḥmad ibn Abd Allāh ibn Sulaymān al-Tanūkhī al-Ma’arri라는 시인으로, '알 마아리'로 더 잘 알려졌다. (그의 이름에서 이 부분은 시리아 알레포Aleppo 인근에 있는 고향을 나타낸다. 그곳에는 그의 업적을 기리기 위한 흉상이 놓여 있었고 여기저기 떠돌다가 무기를 만들 금속을 가공하기 위해 모여든 알카에다 요원들도 있었다.) 알 마아리는 아랍 문학사와 철학사에서 좋은 쪽으로든 나쁜 쪽으로든 모두 유명했다. 그리고 그가 사망한 지는 1000년이 넘었다.

그런데 왜 오래전에 사망한 시인의 금속제 머리를 잘라 냈을까? 참수를 집행한 알 카에다 요원들을 비롯해 많은 사람이 가장 중요하게 생각한 첫 번째 이유는, 알 마아리가 훌륭한 시인이기는 했지만 종교에 무지했고 이슬람 반대론자에서 더 나아가 무신론자였기 때문이다. 물론, 옥스퍼드대학교University of Oxford의 교수 D. S. 마골리우스D. S. Margoliouth를 비롯해 이러한 견해에 반론을 제기한 학자들도 있었다. 하지만 알 마아리가 아랍에서 손꼽히는 문장가이자 아랍 시의 거장이라는 데에는 논쟁의 여지가 없다. 그는 자신의 성공이 눈 덕분이라고 여겼다.

알 마아리는 네 살이라는 어린 나이에 삶의 결정적인 위기를 맞이했다. 천연두를 너무 심하게 앓은 나머지 눈이 보이지 않게 된 것이다. 알 마아리와 같은 시대에 살았던 사람은 그를 보고 나서 '어린 시절에 알 마아리를 덮친 질병은 그의 수척한 얼굴에 짙은 상흔을 남겼…… 나는 그의 눈을 들여다보았는데, 한쪽 눈은 심하게 튀어나와 있었고 다른 한쪽 눈은 눈두덩이에 묻혀 거의 보이지 않았다'라고 했다.

이는 분명 비극적인 일이었지만 훗날 알 마아리는 눈이 보이지 않는 덕분에 말을 듣는 귀와 기억하는 재능을 갖게 되었다고 말했다. 이처럼 한 감각이 다른 감각의 손실을 보완한다는 개념은 중세 시대에 널리 퍼져 있었다. 너무 많은 사람이 질병, 전쟁, 사고로 팔다리나 눈을 비롯한 몸의 일부를 잃었기 때문에 장애에 대한 개념이 이를 더 경멸 어린 시선으로 바라보는 오늘날과 달랐던 것 같다. 전해지는 이야기에 따르면, 알 마아리의 기억력은 놀라울 정도였다. 출처가 불분명하지만 한 가지 예를 들자면, 알 마아리는 알지도 못하는 아제르바이잔어(다른 이야기에서는 페르시아어라고도 한다)로 이어진 대화를 토씨 하나 틀리지 않고 기억했다. 또 다른 이야기에 따르면, 알 마아리가 말을 타고 길을 가던 중 낮게 달린 나뭇가지를 피해야 하니 고개를 숙이라는 이야기를 들은 적이 있었는데, 2년 뒤에 같은 길의 같은 장소를 지날 때 그가 무의식중에 고개를 숙였다고 한다. (나뭇가지가 잘려 나가 그럴 필요는 없었다.) 이런 기억력 덕분에 글을 쓸 때 유리한 점이 있었음은 분명하다.

알 마아리의 시각 상실은 그의 세계관에도 영향을 미치지 못했다. 그는 지적 통찰력이 있는 철학적인 시인으로, 중세 서구의 훌륭한 시인 단테Dante보다 앞선 인물이었다. (실제로 단테에게 영향을 미친 것으로 보인다.) 알 마아리의 「용서의 편지Risalat ul Ghufran」는 아랍 문명의 신에 관한 희극이다. 이 작품은 주로 시로 구성되었는데, 이 '신곡divine comedy'이 단테의 「신곡」에 영감을 주었다고 하는 사람들도 있다. 「부싯돌 불꽃Sakt al-Zand」은 알 마아리의 가장 유명한 작품이자 그에게 아랍 고전 시의 거장이라는 칭송을 안겨주었다. 끝으로, 「루주미야트

Luzumiyat」는 시인으로서 그의 완성된 기량을 보여준다. 시의 모든 구절은 하나가 아닌 두 개의 다른 자음으로 운율이 맞추어져 있다. 여기에서도 알 마아리의 그 유명한 귀는 앞을 보지 못하는 두 눈을 대신해 더욱 밝게 빛났다.

알 마아리의 시는 그 아름다움은 물론이고 이교도적 내용으로 매우 큰 관심을 끌었다. 어느 시에서 그는 자신의 시가 쿠란의 구절에 견줄 만하다고 내세웠다. 또한, 이 작품에서 (그리고 다른 작품들에서도) 신앙심을 드러낸 문장들 중 상당수가 너무 과장된 나머지, 신앙심으로 교묘하게 위장한 이단으로 여겨질 수도 있었다. 이런 종류의 글 때문에 그는 다수를 차지했던 독단적인 종교인들에게 사랑받지 못했으며, 이는 이슬람 세계가 개화된 시기에도 마찬가지였다. 하지만 알 마아리는 동요하지 않았다. 누가 이교도라고 비난하면 그는 질투심에서 그러는 것이라고 말할 뿐이었다. 알 마아리는 이단이라고 공식적으로 기소된 적이 없었을 뿐만 아니라, 이슬람 판사는 알 마아리가 아무도 그의 신앙을 의심하지 않을 정도로 쿠란을 암송했다고까지 말했다. 그 후 알 마아리의 신앙을 옹호하는 소규모 연구가 등장했는데, 이는 현대까지도 계속되고 있다.

많은 사람들에게 알 마아리는 토머스 제퍼슨Thomas Jefferson이나 벤저민 프랭클린Benjamin Franklin과 같은 계열의 전형적인 이신론자deist로 보였다. 이신론에서는 신의 계시를 부정하거나 대단치 않게 여기고 하느님을 삶의 핵심적인 일에 관여하는 신이라기보다 인간과 관계없는 창조주로 보며 모든 종교

종파나 배타적 진실을 외치는 것에 단호하게 반대한다. 따라서 알 마아리는 알 카에다와 제리 폴웰Jerry Falwell(미국의 목사로, 기독교 근본주의자이자 보수주의자다 ─ 옮긴이)을 비롯해 다른 지역의 모든 종교 근본주의자들의 심기를 불편하게 했던 것 같다.

알 마아리처럼 논란이 많았던 시인이자 철학자가 중세 시대에 살았던 것은 물론이고 (그는 서기 973~1057년에 살았다) 성공을 거두었다는 사실은 중세 시대 동부 이슬람의 상황에 대해 많은 것을 알려준다. 당시 그 문명은 지적인 토론, 다양한 해석, 교양 있는 논쟁을 환영했거나 적어도 용인했으며, 눈이 보이지 않는다고 해서 시각장애인에게 불이익을 주지 않았다. 알 마아리가 살았던 시대에 큰 도시들은 동부에 있었다. 그중 바그다드와 카이로는 세계적으로 큰 도시로 손꼽히기도 했다. 이들 도시에서는 언어와 법률 체계를 공유한 덕분에 거래 비용이 낮아 상거래가 활성화되었으며 대상들이 도시들을 오가며 닦아놓은 길을 통해 운송이 (상대적으로) 빠르고 쉽게 이루어졌다. 마찬가지로, 여기저기 순회하던 학자들은 이슬람 세계 전역의 도서관에 가서 상충하는 학문적 관점들을 찾아볼 수 있었다. 한편, 대부분 문맹에 가깝고 자기 나라를 벗어나지 않았던 서구 유럽인들은 겨울을 대비해 앙상한 돼지를 살찌우는 방법이나 연중행사인 목욕을 할지 말지와 같은 더 단조로운 일들에 집중했다. 물론 알 마아리가 사망한 지 오래지 않아 서구 세계가 도시 혁명과 지적 역동성을 택할 차례가 오기는 했다. 이는 이슬람 동부에서 온 사상을 바탕으로 한 경우가 많았는데, 이슬람 동부의 사상들은 그리스와 로마에, 그리스와 로마는 고대 이집트와 바빌론의 사상에 바탕을 두고 있다.

아랍의 안과 의사

햇살이 눈부시고 모래바람이 부는 중동은 눈 건강에 최적화된 곳은 아니다. 그래서인지 아랍인들은 안과 분야의 선구자가 되었다. 그중 하나가 모술 Mosul의 아마르 이븐 알리Ammar ibn Ali가 개발한 주사기인데, 이 주사기는 안구의 각막에 찔러 넣어 (움찔) 연성 백내장을 추출하는 데 사용되었다. 하지만 눈에 천연두 바이러스가 감염된 여느 환자들과 마찬가지로 알 마아리의 경우에는 이 주사기가 도움이 되지 않았다. 천연두 바이러스는 각막에 광범위하게 궤양을 유발하여 각막을 완전히 망가뜨리는 경우가 많다. 현대에 사용하는 항바이러스제와 스테로이드제를 발병 초기에 투약하면 도움이 될 수 있지만 이러한 치료법은 알 마아리가 살았던 시대에서 1000년이나 지난 뒤에야 등장했다.

최초의 비건
알 마아리

알 마아리는 동네 슈퍼마켓에서 귀리 우유와 콩 초리조를 구입할 수 있기 한참 전에 비건이 되었다. 이는 철학적 판단에 따른 결정이었다. 그는 모든 생명의 존엄성을 믿었기에, 고기뿐만 아니라 오늘날의 모든 성실한 비건들처럼 꿀벌에서 추출한 꿀을 비롯한 모든 동물성 제품을 삼가기로 결심했다. 그리고 여느 훌륭한 시인들처럼 다음과 같은 시를 통해 비건임을 선언했다.

물이 단념한 생선을 부당하게 먹지 말고,
도살된 동물의 살을 음식으로 바라지 않으며,
귀족 여인들이 아닌 자기 자식을 위한 순수한 한 모금이기를 바라는
어머니들의 흰 젖도 탐하지 말라.
의심하지 않는 새들의 알을 가져와 그들을 슬프게 하지 말라.
부당함은 가장 나쁜 죄이니.
꿀벌이 꽃과 향기로운 식물에서 부지런히 모은
꿀을 남겨두어라.

꿀벌이 꿀을 보관하는 까닭은 다른 이에게 주기 위함이 아니며
상금이나 선물로 모은 것도 아니니.
나는 이 모든 것에서 손을 털었으니
머리가 희끗해지기 전에 길을 알아보기를 바라노라.

9.

티무르의 다리

절름발이의 잔혹한 성공 스토리

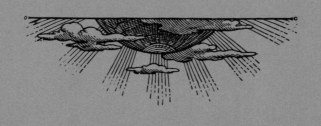

1336~1405년

1400년대 초 언젠가, 사카키Sakkaki라는 이름의 유명한 우즈베키스탄 시인은 한눈에 보기에도 불편한 몸으로 계속 움직이려고 애쓰는 '절름발이 개미'를 골똘히 들여다보는 젊은이를 소재로 독특한 시를 썼다. 마침 시 속의 젊은이도 오른쪽 다리를 심하게 다쳤는데, 용맹한 전사를 중시하는 문화에서 태어난 사람에게 이는 심각한 문제였다. 젊은이는 용기 있는 작은 개미에게 크게 감동한 나머지 자신도 장애를 딛고 끝까지 해내겠다고 다짐하고, 또 실제로도 그렇게 했다. 시 속 젊은이는 세계적으로 위대하고 악명 높은 정복자 티무르Timur였다.

이 시는 사실 여부와 관계없이 한 남자와 그의 운명에 대한 귀엽고 소소한 이야기다. (멀리 스코틀랜드의 왕 로버트 더 브루스Robert the Bruce에게도 이와 비슷하게 출처가 불분명한 이야기가 있다. 스코틀랜드의 왕은 개미보다 다리가 훨씬 긴 거미의 집념에서 용기를 얻었다.) 티무르의 생애에 관한 이야기는 온통

모호하고 모순적인 말로 둘러싸여 있다.

하지만 우리는 그의 정복과 관련된 기본적인 사실은 확실히 알고 있다. 티무르는 이슬람 세계 대부분을 정복하는 데 성공했고 사망 무렵에는 중국을 차지하려고 분투 중이었다. 티무르가 사망하자 그가 통치하던 거대한 제국은 붕괴되고 분열되었지만 그의 유산은 남았다. 무엇보다 그의 후손들은 지적이고 예술적인 수준 높은 문화를 창조했다. (후손 중 한 사람이 타지마할Taj Mahal을 지었다.) 하지만 티무르의 유산에는 어두운 면도 있다. 논란의 여지는 있지만 알렉산더 대왕Alexander the Great이나 칭기즈 칸Genghis Khan만큼이나 '위대하다'고도 일컬어지는 이 위대한 이슬람 정복자는 매우 잔혹하고 무시무시하기로 유명했다. 그의 손길이 무덤 너머까지 뻗친다고 할 정도였다.

티무르가 불러일으킨 공포와 혐오는 적들은 물론이고 그의 동족들에게도 만연했다. (그를 만난 유럽 사절에 따르면, 저녁 식사를 늦게 차린 티무르의 시종은 '돼지처럼' 코뚜레를 하는, 늘 받던 벌을 가까스로 면했다.) 티무르는 거대한 제국을 건설하는 과정에서 수백만 명을 (최대 1700만 명에 이른다고 말하는 사람들도 있다) 학살했고, 그 방식이 일반적으로 행하는 참수형과 교수형은 물론이고 생매장하기, 벽에 파묻기, 허리를 잘라 몸통 두 동강 내기, 죽을 때까지 말로 짓밟기 등 끔찍하고 창의적인 것이 많았다. 그는 중앙아시아를 횡단하면서 정복지마다 두개골 탑을 남겼다.

티무르의 적이었던 페르시아인들이 그를 끔찍하게 싫어

한 것은 놀랍지 않았다. 이들은 티무르를 너무도 싫어한 나머지 (아마도 안전한 거리에서) 그를 놀릴 수 있는 손쉬운 방법을 찾는 데 집중했다. 바로 그의 성치 않은 오른쪽 다리에 주목한 것이다. 페르시아인들은 그의 이름에 절름발이lame라는 뜻을 추가하여 '티무리 랑Timur-i-lang'이라고 불렀고 이것이 '티무르 더 레임Timur-the-Lame', 즉 태멀레인Tamerlane이 되었다. 그를 '철의 절름발이Iron Cripple'라고 부르는 사람들도 있었다. 이 경멸 어린 별명들은 모두 역사에 기록되어 있다.

대부분의 이야기에 따르면, 티무르는 매우 독특하게 절뚝거리며 걸었다. 하지만 여기에는 애매모호하고 모순된 점이 있다. 티무르는 홍보의 달인이었다. 그는 초인적인 능력, 지혜가 담긴 잔인함(티무르는 문맹이었지만 전해지는 모든 이야기에 따르면 똑똑하고 교양 있는 사람이었다), 절제가 담긴 방탕함의 이미지를 만들고자 애썼다. 가장 중요한 점은, 그가 보잘것없는 인간으로서는 결코 할 수 없는 일들을 해낸 신비로운 지도자라는 이미지를 스스로에게 부여했다는 것이다. 여기에서 의문이 생긴다. 티무르는 자신의 이미지를, 즉 가난하고 장애가 있음에도 성공했다는 이미지를 만드는 전략의 일환으로 불편한 오른쪽 다리를 활용했을까?

물론 이를 확실히 알 길은 없다. 우리가 아는 것이라고는 티무르가 똑똑하고 술수가 뛰어났으며 무자비한 전술가였고, 이미지가 어떻게 현실을 만들어내는지 잘 알고 있었다는 사실뿐이다. 정복지 주민들에게 (주로 항복한 사람이 아닌 저항한 사람들에게) 보여준 그의 잔혹함은 다른 사람들을 복종하게 만들기 위해 계산된 전략으로 볼 수 있다. 하지만 그는 잔인한 변덕을 부리기도 했다. 한번은 튀르키예 중심에 위치한 도시 시바스Sivas에서 티무르가 주민들에게 항복하면 피를 보는 일은 없을 것이라고 약속한 적이 있었다. 하지만 주민들이 항복하자 그는 포로 3000명을 즉시 생매장했다. 티무르는 질식사일 뿐 피를 보지는 않았다고 꼬집어 말했다. 하지만 이 이야기에서도 무엇이 진실이고 무엇이 아닌지 확신할 수는 없다. 티무르에 관한 역사서 중 다수는 그의 적들이 썼기 때문에 그를 최대한 나쁘게 묘사했다. 그를 지지하던 사람들조차 그가 이 구역에서 가장 나쁜 놈이라는 것을, 무시무시한 칭기즈 칸보다 더 사악하다는 것을 보여주며 그의 잔인함과 예정된 승자라는 이미지를 전달하고 싶어 했다.

티무르는 칭기즈 칸과의 비교를 환영했고 한 걸음 더 나아가 자신이 그 위대한 지도자의 후손이라고 주장했다. 칭기즈의 후계자이므로 당연히 자신을 중심으로 다른 중앙아시아인들이 결집해야 한다고 했다. (추정컨대) 그는 칭기즈의 정당한 통치를 회복하고자 했을 뿐이었다. 이는 그의 정당성을 확고히 하는 데 도움을 주는 멋진 홍보 전략이었지만 허구의 이야기임이 거의 확실하다. 실제로 티무르는 중앙아시아의 칭기즈 가계와 상관없는, 오늘날의 우즈베키스탄에 해당하는 지역의 하급 귀족 집안에서 태어났다. 일찍이 그는 현지 왕국이었던 칸국khanate을 장악하여 새내기 정복자로서 재능을 보여주었다. 그 이후로 그를 막을 자는 없었다. 끝을 모르고 뻗어 나가는 그의 다문화 군대는 그의 고향을 비롯해 시리아, 튀르키예, 인도 등 튀르키예어를 사용하는 주변 나라들을 정복했다.

티무르는 새로운 영토를 장악하고 나서 기존의 관직명을 빼앗지 않으려 주의를 기울이는, 또 다른 영리한 행보를 보였다. 그는 지휘관을 일컫는 보다 품위 있는 관직명인 '아미르amir(참고로 '제독'을 뜻하는 영어 단어 'admiral'은 'amir'에서 유래했다)'를 택했다. 이뿐만 아니라 누가 실질적인 통치자인지 보여주고 종교적 영감을 강조하기 위해 '이슬람의 칼Sword of Islam'이나 '사히브 키란Sahib Qiran(상서로운 연합의 왕)'처럼 화려한 명칭을 사용하기도 했다.

티무르가 다리를 다친 원인조차 논란의 대상이 되고 있다. 어느 자료에서는 젊은 혈기에 양을 훔치다가 총에 맞았다고 하고, 또 다른 자료에서는 시스탄Sistan의 칸을 위해 전쟁터에서 싸울 때 입은 영예로운 상처라고도 한다. 어쩌면 티무르는 자기 본성의 서로 다른 모습을 부각하는 두 이야기를 모두 좋아했을지도 모른다. 이렇게 되면 궁금증이 생긴다. 부상에 대한 논의는 차치하고, 그는 다리를 얼마나 절뚝거렸을까?

이에 대한 답은 1941년, 중앙아시아 대부분을 정복했던 사람들의 후손인 소비에트 러시아인들이 사마르칸트Samarkand에 있는 구리 아미르Guri Amir의 묘를 개방하기로 결정했을 때 얻을 수 있었다. 이곳은 티무르가 묻혀 있다고 전해지는 곳이었다. 티무르의 시신은 무덤 아래쪽 지하실에, 연옥으로 만든 거대한 평판 아래에 있었다. 이 연옥 평판은 짙푸른 옥으로 만들어졌는데, 옥으로 만든 물건 중 세계에서 가장 큰 것으로 추정된다. (이 판은 훗날 페르시아를 통치한 나디르 샤Nadir Shah가 본국으로 이송하던 중에 반으로 깨졌다.) 소비에트 인류학자 미하일 미하일로비치 게라시모프Mikhail Mikhaylovich Gerasimov가 발굴 책임자였는데, 그가 명백히 티무르의 유해로 보이는 것을 발견했다. 과학자들로 구성된 그의 팀은 티무르의 두개골에서 토사와 염분 결정을 씻어내고 일부 남아 있던 (적갈색) 머리카락과 피부와 뇌를 떼어낸 다음, 이들을 가방에 담아 사마르칸트국립의대Samarkand State Medical Institute 해부학과로 보냈다. 시신을 과학적으로 해부하여 나온 결과는…… 전설과 무관했다. 시신에는 부상의 증거가 남아 있었다. 병리학 보고서에 따르면 티무르의 다리 부상은 '대퇴골과 슬개골 유합을 동반한 우측 대퇴골과 경골의 공동성 병변, 우측 상완골과 척골의 완전 관절 강직'이었다.

다시 말해 티무르는 오른쪽 다리의 외상 때문에 절뚝거렸으며 오른쪽 팔이 뻣뻣했던 것 같고 손가락이 두 개 없는 것으로 추정되었다. 아마도 그는 한 팔을 뻣뻣하게 늘어뜨린 채 약간 구부정한 자세로 발을 끌며 걸었을 것이다. 페르시아인들이 옳았다.

태멀레인의 저주

현대의 우즈베키스탄에 살던 태멀레인의 후손들은 신을 믿지 않는 소비에트 공산주의자들이 인기 있는 자기 조상의 묘를 발굴했다는 사실에 불만을 품고, 이 전설적이고 무시무시한 저주를 속닥거리기 시작한 것으로 보인다. 이 위대한 전사가 자기 무덤에 무단 침입하는 사람은 누구든 사흘 뒤에 공격을 받을 것이라고 썼다는 내용이었다. 또 다른 설에 따르면 정확한 복수 시점은 명시되지 않은 채 '내 무덤을 여는 사람은 누구든 나보다 더 끔찍한 침략자를 풀어주게 될 것이다'라고 쓰여 있었다고 한다.

그리고 정말 놀랍게도 소비에트 과학자들이 무덤을 연 직후에 소비에트 연합은 나치 독일의 공격을 받았다. 저주가 사실이었을까? 사실임을 확인시켜 주기라도 하듯이, 몇 년 뒤 태멀레인의 시신이 뒤늦게 자기 무덤에 돌아오자 소비에트는 스탈린그라드Stalingrad(볼고그라드의 구칭 ‐ 옮긴이)에서 독일군을 포위하고 격파해 전쟁에서 처음으로 대승을 거두었다. 이는 무덤에 얽힌 저주에 관한 흥미로운 이야기이자 (영화 「데이 워치」를 비롯해) 서구에서도 수차례 회자된 이야기였지만 현실은 훨씬 평범하다. (트집 잡는 소리 같지만)

나치는 저주에서 말한 것처럼 사흘이 아니라 이틀 뒤에 공격해 왔다. 설사 저주가 조금 일찍 실현된 것을 허용하더라도, 최근 학자들의 연구에 따르면 진짜 문제는 따로 있다. 무덤에 쓰여 있다는 저주가 실제로는 발견되지 않았고 아랍어로 쓴 종교적 글귀 몇 개만 발견되었다는 사실이다.

티무르 덕분에 탄생한 새로운 과학, 법의학 안면 복원

소비에트 인류학자 미하일 M. 게라시모프는 티무르의 무덤을 열었을 때 '오래전에 죽은 사람의 얼굴을 보고' 싶었다. 이러한 소망은 그의 일생일대의 업적이 되었고, 그는 법의학 관점에서 과학적으로 얼굴을 복원하는 기술의 선구자가 되었다. 게라시모프는 죽은 지 오래된 사람의 얼굴을 복원하기 위해 두개골을 가져와서 밀랍, 모형 제작용 점토, 콜로포늄(로진)을 섞어 두개골 위에 바르는 방식으로, (바라건대) 실제로 그 사람처럼 보이는 사실적인 얼굴을 만들어냈다. 그 과정은 쉽지 않았다. 안면 근육을 매우 자세히 알아야 했을 뿐만 아니라 코나 안구처럼 넓고 부드러운 조직을 복원하는 기술적인 어려움도 해결해야 했다.

그에게 티무르는 엄청난 돌파구가 되었다. 그 후 게라시모프는 공포의 이반 4세Ivan the Terrible를 비롯해 200명이 넘는 사람들의 얼굴을 복원했다. 그의 두개골 검사 기술은 러시아 차르 니콜라이 2세Tsar Nicholas Ⅱ의 가족들의 유해를 확인하는 데에도 사용되었다. 그 후 그의 기술을 추종하는 사람들이 투탕카멘Tutankhamun의 얼굴을 복원했고, 가장 최근에는 예수 그리스도Jesus Christ의 얼굴을 복원했다.

10.

리처드 3세의 등

셰익스피어의 마케팅 전략

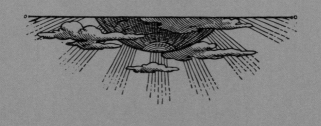

1452~1485년

잉글랜드의 왕 리처드 3세 Richard III 는 플랜태저넷 Plantagenet 왕조의 마지막 왕으로 알려졌다. 그런데 그가 신체 부위와 관련된 이야기 모음에 등장하는 특별한 이유가 있다.

그렇다. 잉글랜드의 왕 리처드 3세는 척추 후만증을 앓았다고, 문제의 소지가 있는 용어를 굳이 사용하자면 꼽추였다고 전해진다. 사실, 대중적으로 그는 해당 질병을 앓은 사람 중 빅토르 위고 Victor Hugo 의 1831년 소설 『노트르담의 꼽추』 속 주인공 콰지모도에 이어 세계에서 두 번째로 유명한 인물일 것이다. 그리고 콰지모도가 디즈니 애니메이션으로 만들어져 '황금 심장을 가진 꼽추'로 더 유명해졌듯이, 리처드 3세는 엘리자베스 시대의 디즈니라고 할 수 있는 셰익스피어 Shakespeare 가 작품에서 다룬 뒤에 '어둠의 심장을 가진 꼽추'로 더욱 악명 높아졌다.

우선, 확인된 사실부터 살펴보자. 리처드 3세의 생애는 장미 전쟁Wars of Roses(영국의 왕좌를 차지하고 지키기 위해 벌어진 일련의 전쟁)과 떼려야 뗄 수 없는 관계다. 이 전쟁은 플랜태저넷 왕조의 두 갈래인 요크York(리처드의 아버지 요크 공작Duke of York이 시조) 가문과 랭커스터Lancaster(헨리 6세 왕King Henry VI이 시조) 가문 사이의 싸움이었다. 결과적으로 요크 가문의 리처드가 왕위를 차지했지만 그 방식이 다소 정정당당하지 못했다. 호국경lord protector(왕을 섭정하던 귀족에게 붙이던 호칭 — 옮긴이)으로 있으면서 열두 살 난 조카 에드워드의 왕위를 이어받는 방식이었다. (일각에서는 왕위 찬탈이라고 한다.) 그리고 이 시점에서 역사는 어둠에 접어든다. 일부 사람들에 따르면, 의회에서 조카 에드워드가 (그리고 그의 남동생이) 혼외자이므로 왕위에 오를 자격이 없다고 말하도록 리처드가 막후에서 움직였다고 한다. 심지어 리처드가 그 둘을 죽였다고 말하는 사람들도 많다. 또 어떤 사람들은 이 모든 게 말이 안 된다고 한다. 아무것도 확신할 수 없지만, 우리가 아는 사실은 리처드가 왕이 된 것을 전혀 달가워하지 않는 사람들이 있었고, 이들이 리처드와 기꺼이 싸울 투사로 (훗날 헨리 7세Henry VII가 된) 헨리 튜더Henry Tudor를 찾아냈다는 것이다. 그리하여 왕위를 두고 다시 전쟁이 시작되었다. 그리고 고작 2년 동안 왕위에 올랐던 리처드는 보즈워스 전투Battle of Bosworth Field에서 죽음을 맞이해, 장미 전쟁이 막을 내리고 튜더 왕조가 시작되었으며 플랜태저넷 왕조와 반쯤은 소설 같았던 '꼽추' 악당 만들기도 끝났다.

리처드가 사망하고 약 100년 뒤인 1591년, 셰익스피어가 그에게 손을, 아니 펜을 댔다. 리처드는 윌리엄 셰익스피어의 「헨리 6세」 2부와 3부에 등장했다. (2부에서는 '리처드 크룩백'이라는 이름으로 등장했고, 3부에서는 '시든 관목' 같은 팔과 등에 솟은 '질투심 많은 산'과 '길이가 다른' 다리를 언급하며 자신의 '불균형한' 외모에 대한 독백을 했다.) 몇 년 뒤에 쓰인 동명의 희곡 「리처드 3세」를 통해 리처드는 악당 꼽추로서 명성을 굳혔고, 이러한 정체성은 21세기까지 지속되었다.

놀랍게도 「리처드 3세」에는 꼽추라는 단어가 한 번도 등장하지 않았다. 이야기의 요점을 이해시키기 위해 굳이 그 말을 쓸 필요가 없었다. 리처드가 꼽추라는 사실은 희곡 전반에 짙게 드리워져 있었다. 리처드는 '추악한 기형 덩어리', '난쟁이의 낙인이 찍힌, 유산된, 땅을 헤집는 돼지!', '저 병에 담긴 거미'라고 불렸고, '역겨운 곱사등이 두꺼비!'와 '독을 품은 곱사등이 두꺼비'로 불리며 두 번이나 두꺼비라고 모욕을 당했다.

희곡에서는 리처드가 야망에 사로잡힌 모사꾼이며 형이 죽은 뒤에 왕좌를 차지하기로 마음먹고 조카들을 서슴없이 죽이려 했을 정도였다는 점을 분명히 했다. 그가 한 것으로 입증된 여러 훌륭한 일이나 하층 계급에게 인기가 있었다는 내용은 언급되지 않았다. 셰익스피어가 마지막 전투에서 튜더 가문의 손에 죽음을 맞이한 리처드를 용맹한 전사로 묘사한 것은 사실이지만, 긍정적인 면은 이 정도가 전부였다.

그때부터 리처드의 대중적 이미지는 사실상 돌이킬 수 없게 되었다. 하지만 셰익스피어가 묘사한 대로 리처드가 장미 전쟁의 마지막 큰 전투에서 전사할 때까지 제법 성공적인 전사였다는 점은 모두가 인정했다. 이는 꼽추였던 리처드와 어울리지 않는 묘사였다. 그도 그럴 것이, 리처드의 팔은 시들지 않았고 그의 두 다리는 길이가 같았으며 그의 척추 또한 심하게 굽어 있지 않았기 때문이다.

이 모든 사실은 왕가와 전혀 어울리지 않는 장소에서 500년 된 해골이 발견되었을 때 알려졌다. 잉글랜드 레스터Leicester의 어느 주차장이었던 이곳은 그레이프라이어스Greyfriars 수도원이 있던 곳으로, 보즈워스 전투에서 전사한 리처드의 시신을 가져와 매장한 곳이었다. 2012년 9월, 주차장이 발굴되었을 때 전쟁에서 부상당해서 사망한 것이 틀림없어 보이는 남자의 유해가 출토되었다. 검사 결과, 이 유해의 주인은 대략 30세이고 유해는 500년가량 되었으며, 무엇보다 이 유해의 미토콘드리아 DNA가 리처드의 누이 앤 공주Anne of York의 모계 유전자 2개와 일치했다. 몇 달 뒤, 연구원들은 이 유해가 의심의 여지없이 리처드 3세라고 발표했다.

한 가지 짚고 넘어가야 할 중요한 사실이 있다. 리처드는 셰익스피어의 희곡에서 묘사한 것처럼 엄청나게 미움받는 '꼽추'는 아니었지만, 현대의 옹호자들이 주장하는 것처럼 척추가 똑바르지도 않았다. 진실은 이 중간의 어딘가에 있었다. 리처드의 척추 가운데 일부분이 휘어 있기는 한데, 이는 청소년기에 특발성 척추 측만증이 시작되었기 때문인 듯하다. 특발성 척추 측만증은 급격한 성장이 진행되는 십 대 청소년기에 흔히 발생한다. 하지만 그의 척추는 팔다리와 마찬가지로 정상이었다. 그래서 리처드의 오른쪽 어깨는 왼쪽 어깨보다 약간 높았지만 이 밖에 다른 신체 부위는 플랜태저넷 가문 사람들의 평균치와 비슷했다. (또한, DNA 검사 결과에 따르면 리처드가 실제로 금발에 파란 눈동자였을 확률은 96%였다.)

그렇다면 리처드 3세는 어쩌다가 이렇게 부정확하게 묘사되었을까? 이는 모두 튜더 가문을 비롯해 정보를 부정적으로 조작한 이들의 전략이 특별히 효과를 거둔 덕분(또는 탓)이다. 튜더 가문은 요크 가문의 오랜 재위에 뒤이어 왕위를 차지했기 때문에 대중이 자신들을 구원자로, 리처드를 괴물로 여기기를 원했다. 이는 '역사는 승자들이 쓰는 것'이라는 옛말을 입증하는 가장 유명하면서도 성공적인 사례다. 게다가 리처드는 요크 가문과 플랜태저넷 왕조의 마지막 왕이었다. 대개 왕조의 마지막 통치자들은 승자가 홍보 전략을 펼치지 않더라도 대개 평판이 나빠지기 마련이다. 어차피 불쌍한 리처드가 어찌할 수 없는 일이었다.

튜더 가문은 그들이 새로 세운 왕조가 (요크 가문과 달리) 조금도 비난받지 않기를 원했다. 당시의 역사학자들과 연대기 편찬자들도 이에 동조했다. 이 작업은 딱히 은밀하게 진행되지는 않았다. 다음과 같이 노골적인 사례도 있었다. 리처드 3세 재임 시기에 역사학자 존 루스John Rous는 자신의 책『루스 연대기Rous Roll』에서 그를 '자비가 넘치는 위대한 군주'라고 부르며 칭송했다. 몇 년 뒤, 헨리 7세가 왕위에 오르자 루스는『잉 글랜드 왕의 역사 Historia Regum Angliae』에서 리처드에 대해 조금 다르게 썼다. 그는 리처드가 자연의 이치에 어긋나게 태어났 다고 말하며 "어머니 배 속에 2년 동안 있다가 이가 다 나고 머 리카락이 어깨까지 자란 상태로 태어났다"거나 "오른쪽 어깨 가 높고 왼쪽 어깨가 낮아 균형이 잡히지 않았다"고 했다.

이는 직관에 근거했지만 꽤 정확한 말이었다. 리처드가 척추 측만증을 앓았다는 사실을 바탕으로 했기 때문이다. 전 해지는 이야기에 따르면, 리처드가 전사한 뒤에 그의 시신이 나체로 말 등에 실려 마을을 행진하는 바람에 사람들이 그의 굽은 척추를 보게 되었다. 이 굽은 척추가 그의 등에 우뚝 솟은 혹으로 부풀려지기까지는 그리 오래 걸리지 않았다. 당시에 이른바 꼽추라고 불리던 사람들은 욕을 먹었다. 이들은 비천 한 부류로 간주되었고, 그나마 가장 좋은 대접이 따돌림인 경 우가 많았다. 리처드의 굽은 등을 다른 부정적인 특징과 결합 하는 바람에 대중의 부정적인 반응이 굳어졌다.

토머스 모어 Thomas More는 리처드를 좋아하지 않았고 취 했고, 1513년에서 1518년 사이에 집필한『리처드 3세 일대기 History of Richard III』에서도 그 입장을 고수했다. (리처드의 어느 쪽 어깨가 더 높았는지에 대해서는 약간 혼동이 있었던 것 같지 만.) 토머스 모어는 "리처드는 키가 작고 팔다리가 흉하고 등 이 굽었다"라고 했고 이가 난 채 태어났다고도 했다. (훗날 모 어가 헨리 7세의 추밀원 Privy Council에서 일했고 대법관이 된 것은 아마 우연에 지나지 않을 것이다.)

그 후 당연하게도, (막강한 튜더 왕조 여왕 시대에 글을 쓴) 셰익스피어는 리처드에 대해 이전에 기술한 '사실'을, 특히 모어의 글을 바탕으로 삼았다. 이렇게 주사위는 던져졌고 혹이 덧붙여져 리처드는 전설적인 불구의 괴물이 되었다.

셰익스피어의
또 다른 중상모략

셰익스피어는 맥베스의 중요한 특징들을 바꾸어 놓기도 했다. 그렇다. 맥베스는 스코틀랜드의 왕이었고 왕좌에 오르기 위해 덩컨 왕을 죽였다······ 하지만 사실과 희곡의 연관성은 이게 전부다. 맥베스는 단순히 자신보다 야망이 큰 아내에게 끌려다니던 야심가가 아니었다. 그에게는 외가를 통해 왕위에 오를 정당한 자격이 있었다. 그의 사촌 덩컨은 그다지 사랑받지 못했고 완전히 실패한 왕으로 여겨졌다. 맥베스는 결투에서 덩컨을 죽였다. 그리고 죄책감에 시달리지도 않았고 미친 듯이 살인을 저지르지도 않았으며 셰익스피어가 희곡에서 쓴 것과 달리 1년이 아니라 실제로는 17년 동안 재임했다.

그렇다면 왜 셰익스피어는 아주 유명하지도 않은 스코틀랜드의 두 왕에 대한 이야기를 바꾸었을까? 엘리자베스 1세Elizabeth I 재임 시절에 튜더 왕조에게 호의적인 이야기를 썼듯이, 「맥베스」를 통해 그는 제임스 1세 왕King James I에게 아첨하려 했다. 우연히도 제임스 1세는 덩컨의 후손이었고 신성한 왕권을 신봉했다. 셰익스피어는 덩컨이 왕위를 부당하게 잃은 것으로 만듦으로써 제임스에게 영국 왕위에 오를 권리가 있음을 강조했다.

부정적인 신체 이미지가 덧씌워진
또 다른 튜더 가문 사람

튜더 가문과 관련된 사람들 중 사후에 명예가 더럽혀진 사람은 리처드 3세 뿐만이 아니었다. 튜더 가문의 왕 헨리 8세의 아내였던 앤 불린Anne Boleyn 에게도 부정적인 이미지가 씌워졌는데, 이는 학자이자 역사학자이며 (가장 중요하게는) 자부심 넘치는 가톨릭 신자였던 니콜라스 샌더스Nicholas Sanders가 벌인 일이었다. 그의 저서 『성공회 종파 분립의 기원과 발전De Origine ac Progressu schismatis Anglicani』에는 다음과 같이 쓰여 있다. "앤 불린은 키가 크고 머리카락이 검고 얼굴이 달걀형이었는데, 황달에 걸린 사람처럼 안색이 누랬다. 윗입술 아래에 돌출된 치아가 하나 있고 오른손 손가락이 여섯 개다. 턱 아래에는 큰 혹이 있어서 추한 모습을 감추기 위해 목을 감싼 드레스를 입어 이를 덮었다."

샌더스는 지나치게 비판적으로 보이지 않도록, 앤 불린이 "나름대로 재미있고 류트lute(연주법이 기타와 비슷한 초창기 현악기—옮긴이)를 잘 연주하며 춤을 잘 춘다"고 덧붙였다.

11.

마르틴 루터의 장

화장실에서 탄생한 종교개혁

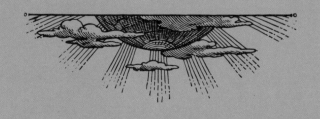

1483~1546년

개신교 종교개혁Protestant Reformation의 핵심 창시자가 변기 위에서 힘을 쓰며 혁신적인 새 종교 교리를 쏟아냈다고 상상하는 것이 다소 불경해 보일지 모르지만, 실제로 벌어진 일이었다. 적어도 가장 중요한 (그리고 변비에 자주 걸렸던) 종교개혁 창시자 마르틴 루터의 경우에는 그렇다.

16세기 종교개혁은 기독교에서 가장 중요하면서도 논란이 많은 운동이었고 그 반향이 상당했다. 종교개혁으로 인해 서구 기독교는 둘로 갈라졌고 (지금도 일촉즉발의 상태인 북아일랜드 종교 갈등을 비롯한) 종교 전쟁이 일어났으며, 가톨릭에서는 반종교개혁Counter-Reformation이 일어났다. 또한 기독교에서 구원을 바라보는 새로운 방식을 널리 알렸고 개인주의를 장려했으며 가톨릭교회의 권한을 축소하고 자본주의를 권장하는 등 종교개혁이 미친 영향은 끝없이 이어진다.

그런데 이 모든 것이…… 변기 위에서 시작되었다고?

음, 논란의 여지는 있지만 적어도 일부는 사실이다. 독일 비텐베르크Wittenberg에서 종교개혁이 시작될 무렵 마르틴 루터는 이상주의에 빠져 고통스러워하던 젊은 수도사였다. 루터는 젊은 수도사로서 특히 면죄부indulgence(죄에 따른 벌을 사면해 준다는 증서 — 옮긴이)를 판매하는 교회의 관행이 급증하자 큰 충격에 빠졌다. 면죄부 판매는 단순한 아이디어였고 신학적으로 이익이 되는 행위였다. 죄지은 사람들은 말 그대로 하늘나라에 오르기 전에 죄가 불타 없어지는 연옥에서 겪게 될 사후의 고통에서 벗어날 수 있었다. 교회의 대리인에게 정해진 금액만 지불하면 되는 일이었다. 그러면 (예외 없이 남성이었던) 대리인이 인쇄된 양식에 이름과 지불한 금액에 따라 연옥에서 벗어나는 햇수를 적어 넣은 면죄부를 건네주었다. 죄인들에게는 엎친 데 덮친 격이었고 루터를 더욱 화나게 한 일은, 1515년에 교회가 지난 8년 동안 발행한 과거 면죄부의 효력을 취소하고 죄인들에게 새로운 면죄부를 구입해야 한다고 선언한 사건이었다. 고해나 회개도 필요 없고 그저 돈만 내면 벌을 면할 수 있다는 것이었다. 돈을 많이 내면 최악의 벌도 면할 수 있었다. 루터가 살던 비텐베르크 인근에서 연옥에 머무는 시간을 면제해 준다면서 면죄부를 열심히 팔던 도미니크 수도회 수사 요한 테첼Johann Tetzel은 제값만 지불하면 성모 마리아를 강간한 사람일지라도 연옥을 면할 수 있다고 으스댔다고 한다.

영적인 면에서 이는 정말 끔찍한 일이었다. 루터는 독일어로는 '클로kio'라고 부르는 것 위에 앉아 긴 시간 동안 고통스러워하면서 면죄부 판매를 비롯한 교회의 다른 부조리를 깊이 생각했다. 사실, 루터는 중세 말의 전형적인 변비 환자였다. 그는 편지에서 경련, 엉덩이 통증, 배변을 위해 안간힘을 쓴 일을 불평했다. 초상화에서 잔뜩 굳어 있는 모습만 봐도 그가 장 문제로 얼마나 고통스러워했는지 쉽게 상상할 수 있다. 20세기의 프로이트 정신분석가들은 오래전에 사망한 개신교 창시자와 그의 장운동을 분석하는 재미있는 기회를 가졌다. (역사적으로 중요한 참고 사항: 프로이트 정신분석학의 창시자 지그문트 프로이트Sigmund Freud 역시 변비로 고생했다.) 이들은 루터가 신경증 환자였고, 장운동이 원활하지 못했던 원인 중 일부는 심리적인 요인에 있다는 기본적인 공감대를 형성했다. 에릭 에릭슨Erik Erikson 같은 일부 프로이트 학자들은 루터의 가득 찬 장이 종교개혁의 근본적인 원인이라고까지 했다. 즉, 화가 나있고 고통스러워하며 변비로 고생하던 남자가 가톨릭의 권위에 맞서는 데서 위안을 찾았다는 것이다. 이 말을 듣고 보니 당시에 현대의 변비약이 있었다면 무슨 일이 벌어졌을지 궁금해진다. 하지만 또 누가 알겠는가? 오늘날 프로이트의 정신분석이 널리 신뢰받지는 못하지만, 심리적인 요인이 교감 신경계를 제약한다는 것은, 어느 학술 논문에 따르면 그래서 '결장이더 길고 넓어지고 건조하고 움직임이 둔해진다'는 것은 생물학적으로 어느 정도 사실이다.

그리고 많은 학자들이 믿고 있는 바와 같이, 실제로 루터가 그 유명한 종교적 깨달음을 얻은 것은 장운동이 둔해진 1517년의 어느 날 변기 위에서였다고 알려져 있다. 그는 신약성경New Testament의 로마 신자들에게 보낸 서간Romans 1장 17절을 묵상하고 있었는데, 그때 문득 구원은 면죄부를 구입하는 것과 같은 인간의 노력이 아니라 하느님의 은총을 통해서만 가능하다는 것을 깨달았다. 이는 루터가 가톨릭교회를 공격하는 핵심 교리이자 결과적으로 그가 창시한 새로운 개신교의 신학적 토대가 되었다. 개신교에서는 성직자에 덜 의존하면서도 하나님과 더 개인적인 관계를 맺을 수 있다고 주장했다. 루터는 평소 성격답게 "이는 성령께서 탑의 하수관에서 제게 주신 지식입니다"라고 직접 언급하여 실제로 클로아카에서 종교적 깨달음을 얻었다고 밝혔다. (한 가지 주의사항: 수도사들이 따뜻한 방을 지칭할 때 '클로아카'라는 단어를 사용했을 수도 있고 '클로아카에 빠진in cloaca'과 같은 용법으로 사용하면 우울증에 빠졌을 때처럼 '의기소침한 상태'를 나타낼 수도 있지만, 클로아카는 하수관, 변소, 야외 변소 같은 뜻으로 더 많이 쓰였다.) 루터는 장에서 대변을 비워 내고 머릿속에서는 역겨운 가톨릭 교리라고 생각했던 것들을 비워 낸 뒤에 느꼈을 법한 엄청난 안도감을 생생하게 묘사했다. 루터의 말에 따르면 당시 그는 '완전히 새로 태어난 기분이었고 열린 문을 통해 천국에 들어간 기분'이었다. 현재 일부 학자들은 루터가 하수관에서 깨달음을 얻었다고 직접 설명했다는 데에 이의를 제기하며, 루터의 글을 보면 그가 종교개혁의 교리를 서서히 완성해 나갔다는 사실을 잘 알 수 있다고 지적한다. 하지만 루터가 직접 변기 이야기를 했으므로, (적어도 구전에 따르면) 개신교 종교개혁은 이처럼 다소 어울리지 않는 장소에서 시작되었다고 볼 수 있다.

물론 종교개혁 운동을 펼친 이들 중에는 장 칼뱅과 울리히 츠빙글리Huldrych Zwingli를 비롯한 다른 핵심 창시자들도 있었다. 그래서 대부분의 학자들은 이때가 새로운 형태의 기독교가 탄생하기에 전반적으로 적절한 시기였다고 추측했다. 하지만 루터는 종교개혁가들 중 가장 주목받았고 분명 가장 거침없었다. 이렇게 말해도 될지 모르겠지만, 특히 자신의 장 활동과 관련하여 격렬한 불만을 자주 쏟아냈다. 그렇다. 1517년에 그가 얻은 종교적 깨달음은 변기에 앉아 입을 삐죽이며 찡그린 채 생각에 잠긴 수많은 경험 중 하나에 불과했다. 그는 '하지만 나는 악마를 물리칠 때 종종 방귀를 뀌어 쫓아 보냈다'라고 하는 등 설교, 연설, 편지에서 배설물을 언급할 때 전혀 꺼림칙하게 여기지 않았다.

악마 이야기가 나와서 말인데, 루터는 악마가 변기에 자주 출몰한다고 생각했다. 따라서 변비로 인한 고통 역시 악마가 부추긴 일로 생각했을 것이 분명하다. 예컨대 당시의 종교개혁에 관한 인쇄물에서는 교황을 여성 악마의 직장에서 태어난 존재로 보았다. 그때는 표현이 더 풍부한 시대였다. 이는 다음과 같은 루터의 표현에서도 잘 알 수 있다. "친애하는 악마여…… 내 바지 속에는 똥이 있으니 이를 네 목에 걸고 이것으로 네 입을 닦아라." 일부 성직자는 이런 표현에 반대하기도 했다. 잉글랜드의 토머스 모어 경은 루터를 '오물통, 하수관, 변소, 대변, 똥만 입에 담는…… 어릿광대'라고 불렀다.

하지만 루터의 다른 말과 행동은 영향력이 커서 서구 교회를 갈라놓고 기독교를 변화시켰다. 그리고 루터를 옹호하자면, 그가 지저분한 비유를 들어 악마와의 싸움을 말한 것이 사람들의 기운을 북돋아 주었을 뿐 아니라 매우 직접적이어서 확실히 더 '세속적인' 기독교를 원했던 그의 열망과도 전적으로 일치했다. 이는 다음과 같은 그의 글에도 드러나 있다. "일찍이 우리가 사탄을 사탄으로 인식했다면 '내 엉덩이에 입이나 맞추라'고 말해서 사탄의 자존심을 쉽게 무너뜨릴 수 있었을 텐데." (루터가 변기 위에 오래 앉아 있었던 것을 감안하면 악마에게 그럴 기회가 아주 많았을 것으로 보인다.)

마침내 찾아낸
루터의 변기

"이건 엄청난 발견입니다." 루터기념재단Luther Memorial의 이사장 슈테판
라인Stefan Rhein은 450년 된 변기를 언급하며 이렇게 말했다. 그냥 변기가
아니라 실제로 루터가 개신교 교리의 토대를 생각할 때 앉아 있던 변기였다.
독일 비텐베르크에 있는 루터의 집터 정원을 발굴한 연구원들은 9m² 면적의
부속 건물을 발견했는데, 방 한쪽 구석 움푹 파인 곳에 변기가 틀림없는 물건
이 놓여 있었다. 학자들은 이것이 바로 1517년에 루터가 앉아 있다가 종교적
깨달음을 얻은 변기가 거의 확실하다고 했다. 변기는 그 시대에 만들어진 것
치고는 꽤 발전한 모습이었다. 돌덩어리로 만들어진 변기는 앉는 곳이 30㎝
정도 되어 보였고 구멍이 뚫려 있었으며 아래쪽에는 하수관과 연결된 오물통
이 있었다. 루터의 집에는 바닥 난방 장치가 되어 있었기 때문에 오랫동안 변
기에 앉아 있기가 한결 편했다. (우리가 당시의 전쟁이나 철학보다 일상생활
에 대해 아는 바가 적기 때문에) 몇 가지 의문이 남는다. 화장실 휴지는 어떻게
했을까? "당시에 닦아내는 용도로 무엇을 사용했는지는 아직 모릅니다." 신학
자이자 루터 전문가 마르틴 트로이Martin Treu는 이렇게 설명했다. 당시 종

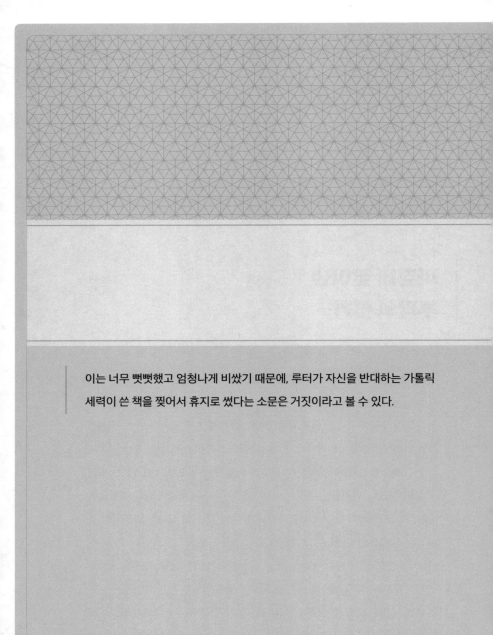

이는 너무 뻣뻣했고 엄청나게 비쌌기 때문에, 루터가 자신을 반대하는 가톨릭 세력이 쓴 책을 찢어서 휴지로 썼다는 소문은 거짓이라고 볼 수 있다.

루터의 시련과 고난: 악마의 주먹질

대부분의 설명에 따르면 마르틴 루터는 애정 어린 남편이자 자녀를 맹목적으로 사랑하는 아버지였으며 한쪽으로 치우치기는 했지만 신실한 신학자였다. 하지만 변덕을 부릴 때가 많아서 그가 양극성 장애를 앓았던 게 아닐까 추측하는 사람들도 있다. 또 어떤 사람들은 그가 신체적으로 고통받고 괴로워한 질병들의 목록을 보며, 이런 몸 상태라면 짜증스럽고 기분이 오락가락하지 않을 사람이 누가 있겠느냐고 반박하기도 한다. [사실, 'cranky(짜증내는)'는 독일어 'krankenheit(질병)'에서 유래했다.]

루터의 초기 초상화에는 수척한 수행자처럼 보이는 사람이 묘사되어 있다. (루터는 수도사로 지낸 초년 시절에 소화 기능이 망가졌다고 주장했다. 훗날 개신교 신자가 된 그의 초상화에서는 살찐 사람으로 묘사되었다.) 당시 의사들의 진단에 따르면 루터는 방광 결석, 만성 변비, 치질을 앓았으며 결국에는 관상 동맥 혈전으로 비교적 젊은 나이에 사망했다.

하지만 가장 흥미로운 점은 그가 말년에 사탄과 몸싸움을 벌였다고 말한 부분이었다. 사탄에게 처음 공격당한 것은 1527년이었는데, 루터의 설명에 따르면 당시 그는 왼쪽 귀의 이명이 극심해져서 왼쪽 머리 전체가 울렸고 뒤이어 굉음이 들리고 속이 메스껍고 현기증이 났다. 결국 그는 (의식은 온전했지만) 기진맥진한 채 침대에 쓰러졌다. 다음 날 아침에 잠에서 깨보니 이명을 제외한 대부분의 증상이 사라졌거나 약해졌다. 이명은 여생 동안 루터를 아주 끈질기게 괴롭혔다. 그것이 사탄 같은 것이었을까? 의사들은 루터의 발작적 증상이 실제로는 메니에르병의 징후였으며 귀의 만성 염증 때문에 이명과 현기증이 생겼다고 추측했는데, 루터의 증상이 의학적으로 맨 처음 규명된 시기는 그가 사망하고 한참 지난 뒤인 1800년대였다.

12.

앤 불린의 심장

나눌수록 좋은 매장

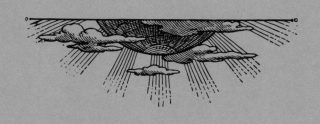

1501~1536년

　사람들에게 앤 불린과 관련된 신체 부위가 어디일 것 같냐고 물어보면 대부분은 머리라고 대답할 것이다. 물론 논리적인 대답이다. 1536년 5월 19일, 남편이자 잉글랜드의 왕이었던 헨리 8세의 명령으로 몸에서 떨어져 나간 부위로 유명하기 때문이다. 헨리는 첫 아내 카탈리나 다라곤 왕녀 Catherine of Aragon와 이혼하고, 앤과 결혼하기 위해 로마 가톨릭교회와의 관계를 단절했다. 하지만 앤이 그가 그토록 바라던 왕자를 낳지 못하자 그는 다른 아내(총 6명이었던 헨리의 아내 중 세 번째인 제인 시모어 Jane Seymour)를 얻기로 마음먹고, 반역을 꾀하고(심지어 남자 형제와도) 부정을 저질렀다는 죄목으로 앤을 처형하라는 명령을 내렸다.

　그렇지만 앤의 머리는 잠시 잊어버리자. 여기에서 우리가 관심을 갖는 것은 그녀의 심장으로, 누군가가 그 심장을 몸에서 꺼냈다고 전해진다. 이야기에 따르면, 헨리가 그녀를 계속 사랑했기 때문에 시신의 나머지 부분이 기독교 의식도 치르지 않은 채 런던 탑Tower of London의 축복받지 않은 무덤에 묻힐지 언정 심장만은 계속 간직할 수 있도록 몸에서 꺼내 달라고 요구했다고 한다. 또 다른 이야기에서는 자신이 가장 행복한 시절을 보낸 서퍽Suffolk의 어워튼Erwarton에 위치한 한 교회로 심장을 꺼내 보내달라는 앤의 마지막 부탁이 있었다고 전해진다. 어느 이야기가 사실인지, 심지어 앤의 심장을 몸에서 꺼냈는지조차 무엇도 정확히 알 수 없다. 과거에는 이렇게 하는 것이 유행이었으나 앤 불린이 사망했을 당시에는 그리 흔치 않은 일이었기 때문이다.

시신에서 심장을 꺼내 따로 묻는 것이 (또는 화려하게 장식한 상자나 가방에 심장을 따로 보관하는 것이) 특히 상류층들 사이에서 필수였던 중세 시대로 돌아가 보자. 이는 '분산 매장'이라고 부르던 것의 한 가지 특징이었다. 무언가를 분산한다는 것은 그것을 넓은 지역에 흩어놓는 것이므로, 분산해서 매장하는 유일한 방법은 시신을 해체하는 것뿐이라는 결론에 이르게 된다. 즉, 상당한 수의 땅과 건물에 묻힐 수 있도록 시신을 여러 부분으로 자르는 것이다.

유럽 국가, 특히 알프스Alps 북쪽 국가에서는 7세기부터 장기 제거와 방부 처리를 시행했지만, 시신을 온전하지 않은 상태로 매장한다는 개념 자체는 1096년부터 1291년까지 기독교도들과 무슬림들 사이에서 벌어진 십자군 전쟁Crusades 동안 크게 유행했다. 전쟁터에서 사망한 사람들은 고향에서 너무 멀리 떨어져 있었고 주로 날씨가 더웠기 때문에, 축복된 땅에 매장하기 위해 온전한 상태로 고향까지 운반하는 일이 거의 불가능에 가까웠다. 이 문제를 어떻게 해결했을까? 뼈나 장기 등 신체 일부를 가져가는 것이 해결책이었는데 그중에서 가장 인기 있었던 것이 심장이었다. 십자군은 이렇게 말끔하고 간편한 방식으로 고향에 돌아가 묻혔다.

대부분의 십자군이 귀족이었기 때문에 분산 매장은 상류층과 관련된 풍습이 되었고, 자신의 지위나 재산을 과시할 수 있다는 매력 때문에 많은 사람이 원하게 되었다. 그들은 시신을 세 군데에 나누어 매장해 달라고 요구한 사자심왕 리처드 Richard the Lionheart 같은 부류의 발자취를 따르고 싶어 했다. 리처드의 심장은 루앙 Rouen 의 대성당에, 뇌와 피와 장기는 샤후 Charroux 에, 이들을 제외한 나머지는 퐁트브로 Fontevrault 의 가족들 곁에 묻혔다. 대부분의 사람들은 이 정도까지 분산하여 매장하지는 않았지만 그 개념은 좋아했다. 심장은 가문의 예배당에, 나머지 시신은 동네 성당에 묻히는 것은 신분을 상징하는 하나의 관습이 되었다. 동네 성당 이야기가 나와서 말인데, 성당에서는 이러한 관습을 진심으로 환영했다. 그야말로 부를 늘리는 수단이었기 때문이다. 둘 이상의 종교 시설에서 황제나 왕이나 귀족의 시신 일부를 수용할 경우, 각각 지원금을 받았다.

하지만 가톨릭교회의 교황 보니파키우스 8세 Bonifacius VIII 는 이를 인정하지 않았다. 보니파키우스는 이러한 관행을 혐오스럽게 생각하여 1299년 9월, 이를 금지하는 공식 칙령이 담긴 교서bull(로마 교황이 공식적으로 발표하는, 신앙과 교리에 관한 편지 ―옮긴이)를 썼다. 칙령이 발표되자 예상과 달리 사람들은 분산 매장을 더욱 원하게 되었다. 분산 매장을 하려면 교황의 특별 허가를 받아야 했는데, 이 허가가 14세기의 신분을 궁극적으로 상징하게 되었기 때문이다. 1308년, 원하는 만큼 여러 장소에 시신을 매장할 수 있도록 교황의 특별 허가를 받은 베랑제 프레돌 추기경 Cardinal Béranger Frédol처럼 시신을 아주 많이 분산하려는 사람들도 있었다. (안타깝게도 추기경은 여러 곳에 묻히겠다는 원대한 계획을 세웠지만 온전한 상태로 한 곳에 묻힌 듯하다. 이는 사후 계획을 세울 때의 단점 중 하나다. 계획대로 실행이 되었는지 직접 확인할 수 없으니까.)

따라서 교회가 반대 입장에 무게를 실었음에도 불구하고 이 관습은 특히 중세 시대의 유명인들 사이에서 지속되었다. 14세기 중반까지 교황 클레멘스 6세 Pope Clement VI는 전임자인 보니파키우스 교황의 의도에 매우 강경하게 반대했고, 모든 프랑스 귀족들이 적합하다고 생각하는 만큼 시신을 분산 매장하는 것을 허용하는 칙령을 전면 발표했다. 그러자 대중들이 조의를 표할 수 있도록 교회에 시신을 매장하고 이보다 사적인 매장을 위해 고인의 가족에게 심장을 주는 관행이 매우 흔해졌다. 이러한 유행은 1400년대 이후 잉글랜드에서 약간 시들해졌으나 분산 매장, 특히 심장을 따로 매장하는 일은 1800년대까지 프랑스와 독일에서 계속 강세를 보였다.

이제 다시 앤 불린과 그녀의 심장 이야기로 돌아가 보자. 1500년대 잉글랜드에서는 심장 매장이 더 이상 흔한 일이 아니었기 때문에 그녀의 심장을 두고 논란이 많았다. 전남편이 감상적인 기념품으로 간직하려고 시신에서 꺼냈을까? 그녀의 마지막 소원에 따라 심장을 꺼내서 서식스Sussex로 가져갔을까? 아니면 앤 불린의 가슴 속에 여전히 남아 있을까? 아무도 정확히 알지 못한다.

우리가 확실히 알고 있는 사실은, 1800년대 중반에 어워튼의 성모 마리아 성당St. Mary's Church을 보수할 때 성당 사제석 벽에서 이름이 새겨지지 않은 작은 하트 모양 주석 장식함이 발견되었다는 것이다. 성당 직원은 대대로 전해 내려오는 이야기에 따르면 앤 여왕의 유언에 따라 그녀의 심장이 그곳에 묻혔으므로 장식함 안에 틀림없이 심장이 있을 것이라고 말했다. 하지만 장식함 안에는 (한때 앤 여왕의 심장이었을 수도 있는) 먼지만 담겨 있었다. 성당 입장에서는 이것도 충분히 좋았다. 그들은 장식함을 오르간 밑에 다시 묻은 다음, 그곳에 앤 불린의 심장이 묻혀 있을 것으로 추정되는 장소라는 작은 명판을 붙였다. 이곳은 관광 명소로 알려져 관광객들은 이곳을 본 다음에 시내에 있는 동네 펍 '퀸스 헤드Queen's Head'에 가서 목을 축이게 되었다.

태양왕의 심장에 벌어진 다소 불행한 사건

77년 동안 생 폴 생 루이 성당L'église Saint Paul-Saint Louis에 안치되어 있던 루이 14세Louis XIV 의 심장은 프랑스 혁명French Revolution 동안 성당이 약탈당하면서 사라졌다. 어느 이야기에 따르면, 이 심장은 잉글랜드의 상류 지주 계층인 하코트Harcourt 가문의 가보가 되었고 그곳에서 불명예스러운 운명에 처하게 되었다. 이야기꾼 아우구스투스 헤어Augustus Hare에 따르면, (모든 생물을 힘닿는 데까지 먹어보고 싶다는 독특한 야망을 품은) 윌리엄 버클랜드 박사Dr. William Buckland가 저녁식사를 하러 하코트 가문의 집에 갔다. 그리고 그때 회색 호두처럼 생긴 심장이 담긴 스너프 박스(코담배 가루를 보관하는 상자)를 발견하게 되었다. 헤어는 이렇게 썼다. "그것을 보자마자…… 버클랜드는 '이상한 것들을 여럿 먹어보았지만 왕의 심장은 먹어본 적이 없군요'라고 말했다. 그리고 그는 누가 말릴 새도 없이 심장을 먹어치웠고 소중한 유물은 영원히 사라졌다." 버클랜드가 암석을 조사할 때처럼 그것이 정확히 무엇인지 확인하려고 입에 불쑥 넣었다가 무심결에 삼켜 버렸다는 이야기도 있다.

프랑켄슈타인의 저자와
뜻밖에 불에 타지 않은 심장

공포 소설에 나오는 이야기처럼 들릴지도 모르겠지만, 이 이야기가 소설 『프랑켄슈타인』의 저자 메리 셸리Mary Shelley와 관련되어 있기 때문에 적절하다고도 할 수 있겠다. 1822년, 그녀의 남편인 낭만주의 시인 퍼시 비시 셸리Percy Bysshe Shelley가 기이한 배 사고로 29세의 나이에 사망했다. 시신은 임시로 만든 장작더미에서 화장되었다. 그런데 결핵 때문에 섬유화가 진행되어서인지, 그의 심장이 타지 않았다. (심장이 아니라 간이라고 말하는 사람도 있다.) 한 친구가 불길 속에서 심장을 꺼냈고 메리는 심장을 시신과 함께 매장하는 대신 간직하기로 했다. 메리는 섬유화되어 단단해진 심장을 비단 주머니에 넣어서 늘 가지고 다녔다고 한다. 1852년에 메리가 사망하고 1년이 지난 뒤에 그녀의 책상에서 그 심장이 발견되었는데, 심장은 퍼시 비시 셸리의 유작 시 중 하나인 「아도네이스Adonais」를 쓴 종이에 싸여 있었다. 47년 뒤, 마침내 그 심장은 가족 납골당에 메리와 퍼시의 아들 퍼시 플로런스 셸리Percy Florence Shelley와 함께 묻혔다.

최근의 몇 가지
심장 매장 사례

심장을 따로 매장하는 개념은 대부분의 사람에게 진부한 사안이 되었지만, 몇몇 사람들에게는 오랜 세월에 걸쳐 여전히 매력적인 개념이었다. 그중 비교적 최근의 몇 가지 사례를 소개한다.

♥ 토머스 하디Thomas Hardy(영국의 작가, 1928년 사망): 시신은 웨스트민스터 사원Westminster Abbey의 '시인 코너'에, 심장은 도싯Dorset에 그의 가족과 함께 매장되었다. (참고: 하디의 심장을 떼어낸 외과의사가 쿠키 통에 심장을 넣어놓았는데, 고양이가 발견하고 먹어버리는 바람에 동물의 심장으로 대체했다는 이야기가 있다.)

♥ 피에르 드 쿠베르탱Pierre de Coubertin(국제 올림픽 위원회 International Olympic Committee 설립자, 1937년 사망): 그리스 올림피아 Olympia에 심장이 매장되었다.

♥ 오토 폰 합스부르크Otto von Habsburg(오스트리아 대공이자 헝가리 왕세자, 2011년 사망): 시신은 빈에, 심장은 헝가리의 베네딕도회 수도원 Benedictine Abbey에 매장되었다.

13.

찰스 1세와 올리버 크롬웰의 머리

슈퍼스타 순교자의 연극

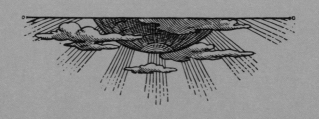

1600~1649년, 1559~1658년

특별한 두 사람의 머리, 구체적으로는 국가 원수 두 사람의 머리에 대해 이야기해 보자. 한 사람의 머리는 살아 있을 때 잘려 나갔고 다른 한 사람의 머리는 죽은 뒤에 더 끔찍한 방식으로 잘려 나갔다. 늦더라도 안 하는 것보다는 나았던 모양이다.

첫 번째 '잘린 머리'는 잉글랜드 찰스 1세Charles I의 것이다. 찰스 1세는 다소 우울한 사고방식의 청교도 남성들, 그중에서도 특히 올리버 크롬웰Oliver Cromwell이 참수를 결정하기 전까지만 해도 살아 있는 왕이었다. 의회파Parliamentary faction의 수장이었던 크롬웰은 더 큰 권력을 원했고 세금을 줄이고자 했으며 더 기독교적인 국가를 꿈꾸었다. 골칫거리였던 왕의 머리를 자르고 나자 의회파는 (한동안) 제법 성공을 거두었다. 크롬웰은 국왕을 대신해 호국경lord protector으로서 국가를 통치했고, 운 좋게도 머리가 붙은 상태로 자연사했다. 하지만 사망 후 오래 지나지 않아 (목이 잘린) 왕의 아들 찰스 2세Charles II가 왕

159

위에 앉자 이제 크롬웰의 차례가 되었다. 찰스 2세는 크롬웰의 관을 열고 시신을 끌어내서 눈에 잘 띄도록 잠시 매달아 둔 다음, 몸에서 머리를 잘라낸 뒤 의회 근처에 말뚝으로 박아 과도한 정치적 열정의 위험성을 경고했다.

목을 자른다는 것은 말 그대로 통치자가 정치체body politic(통치 집단으로서의 국민. 국가 원수는 머리head, 국민을 몸body에 비유한 데서 비롯된 용어─옮긴이)에서 분리되어야 함을 강력하게 상징했다. 통치자의 머리를 베어냄으로써 이 모든 것을 말과 행동으로 보여준 것이다. 크롬웰의 머리를 사후에 잘라낸 것은 무덤 너머까지도 이어지는 상징의 힘을 전형적으로 보여준다.

하지만 1600년대의 (그리고 그 이후의) 참수는 단순히 정치적인 것만은 아니었다. 참수형을 비롯해 그보다 더 섬뜩한 방식으로 이루어진 공개 처형은 1800년대까지 (다른 곳은 물론이고) 유럽 대부분의 국가에서 기이한 방식으로 사람들의 관심을 다른 데로 돌리는 역할을 했다. (단순 교수형은 물론이고 장기 꺼내기, 끌어당겨 사지 찢기, 말뚝에 박아 처형하기 같은 것들을 재미있는 '오락거리'로 여겼다.)

참수 같은 것이 오락거리였다면 도끼를 들고 서 있던 사람은 어땠을까? 흥미롭게도 형을 집행하는 사람들은 연극에 몰입한 배우들처럼 사람들이 기대하는 역할을 대부분 잘 수행했다. 이들이 (밧줄이나) 도끼 같은 것들을 용감하고 기품 있고 태연하게 마주한 채 모여든 사람들에게 적당한 연설을 하는 것은 일반적인 관행이었다. 이 유혈이 낭자한 인기 오락거리를 구경한 사람들의 일기를 보면, 우리가 영화에서 특별히 연기를 잘한 배우들에 대해 이야기하듯이 형 집행자의 행동을 감탄하며 기록한 경우가 많았다.

찰스 1세의 경우, 자신이 참수당하는 연극에서 맡은 역할을 완벽하게 해냈다. 사실, 그 역할을 너무 잘해낸 나머지 결국 그의 아들이 왕위를 되찾은 뒤에 크롬웰의 머리뿐만 아니라 크롬웰의 반왕당파에 동조했던, 살아 있는 사람들의 머리와 다른 신체 부위까지 잘라내게 되었다.

우선, 무엇 때문에 이렇게 참수가 줄줄이 이어졌는지 살펴보자. 찰스 1세는 아버지 제임스 1세의 왕위를 물려받았다. 안타깝게도 찰스 1세는 아버지에게서 신성한 왕권이라는 개념에 대한 환상도 함께 물려받은 것으로 전해지는데, 왕은 다른 사람보다 고귀한 존재이고 신을 대신해 통치한다는, 그다지 독창적이지 않은 개념이 여기에서 생겨났다. 하지만 시대가 변하고 있었고 이러한 개념은 잉글랜드에서 차츰 인기를 잃었다. 놀랄 것도 없이, 세금을 둘러싸고 많은 갈등이 발생했다. 찰스 1세는 의회의 동의 없이 세금을 부과할 권리가 자신에게 있다고 생각했는데, 이는 신흥 중산층에게 있을 수 없는 일이었다. 찰스 1세가 로마 가톨릭 신자와 결혼한 것도 도움이 되지 않았다. 신교도가 우세했던 잉글랜드에서 가톨릭은 점점 인기를 잃고 있었고 머지않아 찰스는 온갖 종교적 논쟁에도 휘말리게 되었다.

결국 저항이 일어났고, 그 결과 찰스가 의회파 장군이자 의회의 일원이었던 올리버 크롬웰에게 명백하게 패했다. 찰스가 이미 입헌 군주로서 축소된 역할을 수용하지 않겠다고 했기 때문에 크롬웰을 비롯한 다수의 급진적인 의원들은 말 그대로 국가 수장의 머리를 치기로 결정했다. 찰스는 반역죄로 재판에 회부되었다.

재판에 회부될 때까지 찰스는 인기를 끌 만한 행동을 하지 않았다. 제멋대로 세금을 부과하고 신성한 구속력이 있는 왕권을 오만하게 옹호하는 왕을 누가 좋아했을까? 하지만 살아 있을 때의 찰스는 유능한 왕이 아니었을지 몰라도 죽음을 맞닥뜨린 그는 훌륭하게 자신의 역할을 수행했다. 그는 세상이 무대라는 셰익스피어의 생각을 갑자기 온 마음으로 깨닫고 그 무대를 끌어가는 주인공이 된 것만 같은 착각에 빠졌다.

재판을 받는 동안 찰스는 순교자라도 되는 듯이 상황을 차분하게 받아들이는 모습을 보였다. 그에게 유죄 판결이 내려지도록 공개적으로 거듭 공격을 퍼붓다가 낙담한 고발자들은 때로 찰스보다 더 죄인처럼 보였다. (그리고 이들이 낙담할 만한 이유는 충분했던 것 같다. 현대의 몇몇 설명에 따르면 이들은 재판 전에 찰스에게 죽음을 면할 수 있는 선택권 아홉 가지를 제시했으나 찰스가 모두 거절했다고 한다.) 그리하여 찰스는 유죄를 선고받았고 남은 생애 동안 슈퍼스타 순교자라는 역할을 갈고 닦았다. 처형 전날 아침, 찰스와 그의 대신들은 노련함을 자랑하는 선전용 책 『에이콘 바실리케: 고독과 고통에 빠진 신성한 국왕의 초상 Eikon Basilike: The Pourtrature of His Sacred Majestie in His Solitudes and Sufferings』초판을 완성하는 일에 착수했다. 이 책에는 왕의 신심을 보여주는 삽화가 가득했고, 책에서 찰스는 자신을 고 발한 자들에게 매우 독실하게 용서를 구하며 그들을 우회적으 로 규탄했다.

처형 당일, 찰스는 대단원을 보기 위해 모여든 엄청난 군 중 앞에서 침통한 얼굴로 경건한 왕 역할을 하며 마지막 장면 에 충실하게 임했다. 그는 검은 휘장을 드리운 특별한 단두대 로 끌려갔고, 그곳에서 "나는 부패할 수 있는 왕관에서 부패할 수 없는 왕관으로, 세상의 그 어떤 혼란도 없는 곳으로 가노라" 라는 불멸의 대사를 포함해 (평소와 달리 말도 더듬지 않고) 감 동적인 연설을 했다.

그러고 나서 그는 외투, 장갑, 가터 훈장을 단두대에 내려 놓고 신호를 주었다. 그러자 빠르고 강한 휘두름과 함께 그의 머리가 떨어져 나갔다. 지켜보던 사람들은 크롬웰과 의회파들 의 바람과 달리 환호하지 않았다. 도끼를 휘두르자 한 어린 소 년은 "한 번도 들어본 적 없는 신음이 났는데 다시는 듣고 싶지 않다"라고 설명했다. 찰스 1세가 참수당하자마자 그를 예수 그리스도에 비유하는 이야기가 떠돌았다.

한동안은 크롬웰과 의회파가 새로운 정부를 강하게, 어쩌 면 지나치게 강하게 장악하고 있었기 때문에 이런 이야기는 별문제가 되지 않았다. 이들은 군주제를 금지했지만 청교도 로서의 열정이 지나친 나머지 (종교를 중심에 두어야 한다고 주장하며) 극장, 운동, 즐거운 성탄절 축하 행사를 대부분 금지했다. 수많은 여관을 폐쇄하고 화장을 금지했으며, 여성에게 적용되는 '종교에 입각한' 복장 규정을 제정했다. 재미라고는 모르는 사람들이었다. 사실상 이들은 몰락을 자초했는데, 실제로 올리버 크롬웰이 자연사한 직후에 곧바로 무너졌다. 찰스 1세의 생존 자녀 중 나이가 가장 많았고 곧 찰스 2세가 된 아들은 망명지에서 잉글랜드로 다시 초청받았고, 저항하는 의회파와 한바탕 싸운 뒤에 왕정을 회복했다.

그 후 몇 세대가 지나는 동안 찰스 1세는 부당하고 요란한 민주주의자들에게 맞선 정의로운 왕의 전형이 되었다. 또한 잉글랜드 왕당파를 유지하는 명분과 이유가 되기도 했다. 하지만 우리는 크롬웰 지지자들이 감히 왕을 참수한 일을 공식적으로 사과했다는 사실을 꼭 덧붙여야겠다.

비록 1985년이었지만.

찰스 1세와 올리버 크롬웰의 머리

사람들의 머리를 베는 방법
: 잉글랜드의 사례

이 일은 보기보다 쉽지 않고, 이 일을 하려면 칼을 능숙하게 다루는 사람이 필요하다. 참수형은 보통 귀족들이 받았는데, 그들은 한 방에 제대로 빠르게 자르기를 주저 없이 원했다. 대부분의 과학자들에 따르면 신속하게 목을 베는 것은 매우 인간적인 행위다. 목이 잘려나갔을 때 최대 7초까지 의식이 남아 있을 수 있다고 추정되지만 대부분은 즉시 의식을 잃는다고 본다. 문제는 참수를 집행하는 사람인데, 잉글랜드에는 아주 오래전부터 참수에 서투른 집행자가 있었다. (올리버 크롬웰의 증조부인) 토머스 크롬웰Thomas Cromwell은 그런 집행자 때문에 고통받았다. 당시 집행인은 그의 머리를 몇 번이나 난도질한 끝에 잘라냈다. 이를 감탄하며 지켜보던 구경꾼은 이렇게 말했다. "그는 누더기를 입고 서투른 솜씨로 아주 끔찍하게 임무를 수행하던 불행한 자의 도끼질을 참을성 있게 견뎠다."

일찍이 앤 불린은 이러한 문제를 예견했다. 그래서 그녀는 참수를 위해 프랑스에서 노련한 칼잡이를 불러줄 것을 요구했다. 왕족의 특권이 아닐 수 없다.

장날 같았던
타이번 '휴일'

잉글랜드법을 위반한 대부분의 사람들, 즉 평민들은 참수되지 않고 교수형에 처해졌다. 하지만 찰스 1세와 같은 극적인 장면이 다양한 모습으로 펼쳐지는 경우가 많았다. 처형이 주로 집행되던 장소는 오늘날 런던의 현대식 마블 아치Marble Arch 인근에 위치한 타이번Tyburn이었고, 처형 집행일을 타이번 휴일이라고 불렀다. 교수형을 당할 죄수들은 마차를 타고 뉴게이트Newgate 에서 타이번의 교수대로 이동했는데, 사람들이 환호하며 행렬을 구경하는 경우가 많았다. 죄수들은 최대한 태평해 보이려고 했고 많은 사람들, 특히 형을 선고받은 노상강도들은 가장 좋은 옷을 입고 와서 재치 있고 용감한 연설을 했다. 많은 죄수들이 용기를 내기 위해 술을 마셨는데, 그렇다고 문제가 생기지는 않았다. 죄수들을 태운 마차는 대개 여관에 들렀고, 형을 선고받은 남녀는 때로 만취했다. 만취한 이들이 흔히 하던 농담은 '돌아오는 길에' 술값을 내겠다는 것이었다.

14.

카를로스 2세의 합스부르크 턱

가까운 사람과 결혼하면 생기는 문제

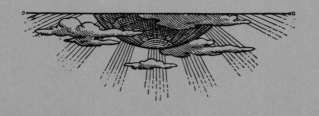

1661~1700년

스페인의 카를로스 2세 Charles II는 왕으로서 좋은 조건을 모두 갖춘 듯했다. 유럽 대부분을 통치하던 합스부르크 왕가의 일원이었고 확고히 뿌리내린 왕가의 자손으로서 돈, 땅, 권력, 왕위를 비롯한 모든 특전을 물려받았다.

하지만 가문 특유의 턱도 물려받았는데, 이 턱 때문에 그는 온갖 안 좋은 쪽으로 유명해졌다. 카를로스는 턱 때문에 얼굴이 일그러져서 침을 줄줄 흘렸고 말할 때도 지장이 있었다. 합스부르크 턱으로 알려진 이 턱은 **매우** 가까운 사람들끼리 왕가를 꾸린 결과였고, 결국 (스페인에서) 합스부르크 왕가의 몰락을 나타내는 상징이 되었다.

합스부르크 가문은 1200년대 말 스위스를 시작으로 오스트리아, 독일, 보헤미아로 영역을 확장하며 600년 넘게 유럽에서 핵심적인 역할을 해왔다. 1452년, 프리드리히 3세 Frederick III가 신성로마제국Holy Roman의 황제가 되자 합스부르크 가문의 영향력이 강화되었다. 이때부터 합스부르크 가문은 유럽 최고의 왕가가 되었고, 이 지위를 유지하기 위해 다른 힘 있는 왕가와 정략결혼을 했다. 나중에는 가문 내에서도 정략결혼을 했는데, 이로 인해 유전자에 문제가 생겨 가문 특유의 턱이 나타난 것으로 보인다.

(합스부르크 입술이라고 부르기도 하는) 합스부르크 턱은 과학 용어로 말하자면 하악골전돌증 또는 하악골전돌증을 동반하거나 동반하지 않은 상악후퇴증으로 추정된다. 한마디로 아래턱이 튀어나온 것이다. 하지만 합스부르크 턱은 아무리 상상력을 동원해 봐도 인상을 강하게 만드는 턱이나 사각 턱은 아니다. 그렇다고 그저 튀어나오기만 한 것도 아니다. 너무 돌출된 나머지 앞니 부정교합이 생겨 입을 꼭 다물기가 몹시 힘든 턱이다. 이 정도가 되면 턱뼈에도 문제가 생기는데, 위턱뼈가 제대로 발달하지 않아서 얼굴 가운데가 움푹 들어가 보이고 아랫입술과 혀가 비정상적으로 두꺼워져서 또렷하게 말하기가 힘들어진다.

이러한 유전적 성향은 모두 합스부르크 가문이 권력을 유지하기 위해 동원한 방법, 즉 가문 내 혼인에 따른 좋지 못한 결과였다. 처음에 합스부르크 가문은 다른 왕가와의 정략결혼을 통해 오스트리아를 바탕으로 한 자신들의 힘을 유럽 전역으로 확대해 나가며 새로운 권력과 왕위를 얻었다. 1496년, 부르고뉴Bourgogne 공작 펠리페 1세Philip I와 카스티야Castilla의 후아나Joanna 간의 결혼을 통해 마침내 스페인과도 연결고리가 생기

카를로스 2세의 합스부르크 턱

자, 합스부르크 가문은 접근 방식을 약간 바꾸었다. 그들은 정략결혼을 통해 권력의 기반을 유지하되 가문 내에서의 '정략결혼'으로 노선을 바꾸었다.

가문 내 혼인은 다른 왕가에서도 흔히 찾아볼 수 있었지만 합스부르크 가문, 그중에서도 스페인에 진출한 합스부르크 가문 사람들은 그 수준을 한 단계 끌어올렸다. 1516년부터 1700년까지 스페인 합스부르크 가문의 가까운 친척 간 결혼(근친혼)은 11회 중 9회에 달해 82%에 육박했다. 엄밀히 말해 근친혼은 6촌 이내 혈연끼리의 결혼을 의미하는데 합스부르크 가문의 근친혼은 6촌보다 가까운 경우가 대부분이었다. 이들은 주로 사촌, 이중 사촌(이전의 근친혼으로 인해 친가 쪽으로나 외가 쪽으로나 모두 사촌인 경우가 흔했다), 삼촌, 조카 사이의 결혼을 선택했다.

이런 까닭에 카를로스 2세의 가계도는 내려왔다가 다시 올라가기도 하는 등 가지가 매우 어지럽게 뒤틀려 있었다. 카를로스의 어머니는 그의 아버지의 조카딸이었기 때문에 그는 두 사람의 아들인 동시에 아버지의 조카 손주이자 어머니의 사촌이었다. 그의 외할머니는 그의 이모이기도 했기 때문에, 그는 외할머니의 조카인 동시에 손자였다. 그리고 그의 양가 증조부 모두 펠리페 1세와 후아나 사이에서 난 자식들이었다.

이처럼 가문 내 혼인으로 편리함을 누렸음을 감안할 때, 합스부르크 가문, 그중에서도 스페인의 합스부르크 가문이 결과적으로 골치 아픈 유전적 자산을 갖게 된 사실이 그리 놀랍지는 않다. 이들 대부분에게는 콧마루에 혹이 있고 코끝이 돌출된 합스부르크 코도 있었다. (돌출된 코끝은 턱뼈에 문제가 있다는 또 다른 징후다.) 이뿐만 아니라 통풍, 천식, 뇌전증, 우울 성향처럼 신체 구조와 관계없이 불쾌한 증상도 있었다. 그렇다. 특히 근친혼이 급증하면서 합스부르크 가문의 일원으로 살기가 쉽지 않았다.

유전적인 턱 문제는 합스부르크 가문에서 9대 연속 나타났다. 문제가 약하게 드러난 경우도 있었고 훨씬 심각한 경우도 있었다. 전해지는 바에 따르면, 스페인 합스부르크 가문에서 배출한 최초의 왕이자 신성로마제국 황제였던 카를 5세 Charles V(스페인의 카를로스 1세라고도 불린다)가 1516년에 헨트Ghent를 떠나 스페인에 도착했을 때, 어느 소작농이 문제가 있는 그의 얼굴형을 보고서 '전하, 입을 다무소서! 이 나라의 파리들은 무례하기 짝이 없사옵니다'라고 말하며 조롱했다. 카를로스 1세가 딱히 반응을 보이지는 않은 것 않다. 어쨌든 그는 왕이었고 일반 대중의 명령을 따를 필요는 없었으니까. 게다가 그 말을 따르려고 했을지라도 입을 다물기가 어려웠을 것이다.

합스부르크 가문이 스페인의 왕위에 오르고 나서 145년이 지난 뒤인 1661년으로 가보면, 합스부르크 턱은 카를로스 2세에 이르러 입이 떡 벌어질 정도로 절정기에, 아니 절망의 구렁텅이에 이르렀다. 사람들은 턱이 심하게 어긋나고 혀와 아랫입술이 너무 두꺼운 카를로스 2세의 말을 전혀 이해할 수

카를로스 2세의 합스부르크 턱

없었다. 카를로스가 스물네 살이었던 1685년경에 바로크 화가 후안 카레뇨 데 미란다Juan Carreño de Miranda가 그린 유명한 초상화가 있다. 당시 화가들은 왕족이었던 피사체를 최대한 잘생겨 보이게 하되 누구인지는 알아볼 수 있게 그림으로써 그들의 마음을 달래주었다. 일종의 17세기식 포토샵이라고 할 수 있다. 그리하여 카를로스 2세의 초상화를 보면 확실히 아래턱이 나와 있고 턱모양이 다소 특이하기는 하지만 실제만큼 뚜렷하게 표가 나지는 않는다. 오를레앙Orléans의 마리 루이즈Marie Louise 가문이 카를로스와의 결혼 가능성을 타진할 때 프랑스 사절이 스페인 왕궁에 가서 상황을 확인했는데, 그는 편지에 '가톨릭 신자인 왕은 공포심이 들 만큼 못생겼다'라고 썼다. (어쨌든 마리 루이즈는 카를로스와 결혼했다. 그다지 행복한 결혼은 아니었다.)

카를로스가 해결해야 할 문제는 턱뿐만이 아니었다. 그에게는 부모가 부모답지 않았다는 문제도 있었다. 그는 어느 모로 보나 사랑이 넘치고 양육에 관심이 많은 환경에서 자라지 못했다. 카를로스는 선천적으로 건강에 문제가 많았기 때문에 그를 살려서 합스부르크 가문이 스페인 왕위를 계승하고 유지하게 만드는 데에만 초점이 쏠려 있었다. 이 밖의 다른 것은 중요하지 않았고, 합스부르크 가문의 인식에 따르면 교육 같은 사소한 것들 역시 필요하지 않았다. 이는 곧 카를로스가 공식적으로 교육을 받은 적이 없으며 문맹일 수도 있다는 뜻이다. (그에게 정신적인 장애가 있었다는 말도 있고 그가 교육을 받지 못해서 그렇게 보이는 것뿐이라는 말도 있다.) 심지어 말하고 걷는 것조차 중요하게 여기지 않았다. 전해지는 바에 따르면 카를로스는 네 살까지 말을 하지 못했고, 그가 계속 '건강하기를' 바랐던 어머니 때문에 혼자 걷지도 못한 채 여덟 살인가 열 살이 될 때까지 안겨 다녔다고 한다.

어른이 되었다고 해서 어린 시절보다 나아진 것은 없었다. 카를로스의 건강, 언어, 성격 문제는 지속되었다. 30대가 되자 건강은 더욱 나빠졌다. 그는 머리카락이 빠졌고 걷기가 힘들어졌으며 환각 증상을 보였다. 어떤 글에서는 그를 "키가 작고 절뚝거리고 뇌전증을 앓으며 노망이 난 데다가 서른다섯 살도 되기 전에 머리카락이 완전히 다 빠졌다. 언제나 죽음의 문턱에 있지만 계속 살아 있어서 모든 기독교인들을 거듭 당황스럽게 만들었다"라고 묘사하기도 했다. 신하들이 그를 '엘 에치사도El Hechizado(마법에 걸린 자)'라고 부른 것도 당연하다.

마지막으로 아이러니한 점은, 합스부르크 가문은 스페인을 지키고자 노력했기 때문에 스페인을 잃었다는 것이다. 합스부르크 가문을 연구하는 스페인 산티아고 데 콤포스텔라 대학교University of Santiago de Compostela의 학자들은 그동안의 근친혼 때문에 유전자 구조가 너무 손상된 나머지 합스부르크 가문에서 더 이상 자손이 태어날 수 없게 되었다고 결론 내렸다. 카를로스 2세는 후사를 보지 못했다. 따라서 1700년에 그가 사망함으로써 합스부르크 가문의 스페인 왕조는 끝났다. 자식이 없었던 카를로스는 이복 누이 마리아 테레지아Maria Theresa와 루이 14세의 손자이며 자신보다 여섯 살이 많은 펠리페 당주 Philip d'Anjou를 후계자로 지명했고, 결과적으로 이는 스페인 왕위 계승 전쟁 War of the Spanish Succession 으로 이어졌다.

약하게 나타난
합스부르크 턱

합스부르크 턱은 이 사람 저 사람을 거쳐 그 유명한 마리 앙투아네트Marie Antoinette의 얼굴에까지 영향을 미쳤음이 분명하다. 그녀의 어머니인 오스트리아의 마리아 테레지아Maria Theresa를 통해서였다. 마리에게는 라이트 버전 합스부르크 턱이라고 부를 만한 것이 나타났다. 그녀는 아랫입술이 약간 튀어나와 조금 뿌루퉁해 보이기는 했지만 먼 친척들을 지독하게 괴롭힌, 외모를 흉하게 망가뜨리는 형태와는 거리가 멀었다. 하지만 마리는 이것만으로도 충분히 괴로웠는지 화가들에게 옆모습을 그리지 말라고 했다.

어떻게 특정 색감의 노란색이 합스부르크 가문의 상징이 되었을까?

빈에서 크라쿠프Krakow와 코르도바Cordoba에 이르기까지, 합스부르크 가문의 건물 중 다수에, 특히 공공건물들에 공통적으로 쓰인 색이 있다. '합스부르크 옐로'라고 부르는, 금빛이 도는 강렬한 노란색이다. 이들이 검은색과 노란색을 가문의 색으로 채택했을 때부터 이 노란색은 합스부르크 가문과 떼려야 뗄 수 없는 관계가 되었다. 노란색을 택한 이유는 이들 가문이 신성로마제국 황제 자리에 올랐을 때 공식 깃발에 쓴 색이었기 때문이다. 사실, 중세 시대에 노란색은 독, 질투, 거짓과 같은 부정적인 의미를 담고 있었다. 하지만 황금의 색이기도 했기 때문에 부와 권력 같은 긍정적인 속성도 지니고 있었다.

그래서 노란색은 합스부르크 가문이 '이것은 우리 것'이라고 빠르게 식별하기 위한 장치가 되었다. 이들은 여러 나라에 퍼진 자신들의 제국 전역의 공공건물을 모두 똑같은 노란색으로 칠하여 통일된 전선을 드러냈다. 그리고 이 색은 합스부르크 가문 너머로 퍼져 나가 쓰이기 시작했다. 가문이 노란색에 매우 열광했기 때문에 뭐라도 얻으려고 궁 주위를 어슬렁거리는 사람들이나 부르주아가 되고 싶어 하는 사람들 역시 노란색에 열광했다. 19세기에 합스부르크 옐로는 고급 주택과 별장을 지을 때 선택하는 색이 되었고, 결국 서민층으로까지 흘러 들어가 이들의 집과 농가 같은 곳에도 쓰였다.

합스부르크 옐로는 가문의 정략결혼 때문에 신세계New World (아메리카 대륙)에도 등장했다. 합스부르크 가문의 딸 대공비 레오폴디나Archduchess Leopoldina가 포르투갈의 돔 페드로Dom Pedro와 결혼했는데, 그는 브라질 제국Empire of Brazil을 세운 사람이자 제국의 첫 번째 통치자였다. 레오폴디나는 브라질 제국의 황후로서 자신이 성장한 환경의 일부를 들여왔다. 오스트리아 사람들이 자신의 새로운 고국으로 이주하도록 장려했고 (이들 중 티롤Tyrol 계곡에서 온 사람들이 브라질 마을 티롤Tirol을 만들었고 그곳에서는 지금도 독일어를 사용한다) 브라질 국기에 합스부르크 옐로의 느낌을 약간 더했는데, 그 국기는 지금도 쓰인다.

15.

조지 워싱턴의 의치

빼앗긴 이가 불러온 해방

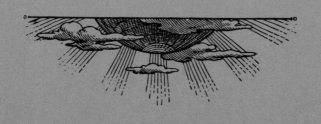

1732~1799년

미국 건국의 아버지 조지 워싱턴George Washington에게는 근본적인 치아 문제가 있었다. 오래전부터 내려오는 소문에 따르면, 길버트 스튜어트Gilbert Stuart가 그린 그 유명한 초상화에서 조지 워싱턴이 짜증 난다는 듯이 입을 앙다물고 있는 것은 잘못 맞춘 의치 때문에 입에 통증이 있어서라고 한다. 이 소문이 진실인지는 확실하지 않지만, 그가 치아 문제로 고통을 겪었다는 사실과 그가 사망하고 몇 년이 지난 뒤에는 그의 의치가 입속 통증이 아니라 골치 아픈 문제를 남기게 되었다는 사실은 분명하다.

조지 워싱턴은 고작 20대일 때부터 치아에 문제가 생겨서 오랫동안 고생했고 결국 그 정점에서 틀니를 하게 되었다. 스물넷의 나이에 프랑스 인디언 전쟁French and Indian War에서 버지니아 연대Virginia Regiment의 연대장으로 복무하는 동안 그는 일기장에 '왓슨 의사 선생'에게 5실링을 지불하고 이를 뽑았다고 기록했다. 워싱턴은 이것을 시작으로 여러 개의 이를 뽑았다. 워싱턴의 대중적 입지가 올라갈수록 그의 치아 건강은 무너져 내렸다. 전쟁터에서 작성한 그의 일기장과 편지는 치과 의사에게 흥미로운 읽을거리가 된다. 그는 치통, 잇몸 문제, 치과 치료에 대해 주기적으로 언급했으며 장부에는 칫솔, 치통 약, 치아 긁어내는 도구를 구입한 기록이 있었다. 대륙군Continental Army 사령관으로 복무하던 49세 무렵, 워싱턴은 부분 틀니를 사용하게 되었다. 57세가 되어 새로 구성된 미합중국의 초대 대통령으로 취임했을 때 그에게는 이가 하나밖에 남지 않았다. 하지만 그를 흠모하던 대중은 이 사실을 알아차리지 못했다. 치아에 문제가 있지만 깨끗한 이를 새로 해 넣을 경제적 여유가 있는 많은 사람이 그랬듯이 완전 틀니를 했기 때문이다. 오래전 이야기에 따르면 당시 틀니는 나무로 만들어졌기 때문에 잇몸에 가시가 박혔을지도 모른다는 추측이 있었고 나무 틀니를 계속 매끄럽게 다듬어야 했다는 말도 있었다. 하지만 나무 틀니는 워싱턴이 '작은 손도끼로 체리 나무를 베었다'는 이야기와 마찬가지로 허구였다. 물론 그보다 옛날에는 나무로 만든 틀니가 있었지만 1700년대 중반 무렵 대부분의 틀니에는, 특히 치아가 좋지 않고 돈이 많은 사람들의 틀니에는 나무가 전혀 쓰이지 않았으며, 진짜 치아를 포함해 치아와 비슷한 물질로 틀니를 만들었다. 예상하듯이 장군이자 중요한 정치인이며 부유한 농장 소유주라면 질 나쁜 의치가 아니라 구할 수 있는 것 중 가장 좋은 의치를 착용했을 것이다. 워싱턴이

182

조지 워싱턴의 의치

착용한 틀니가 바로 이런 것이었다. 그의 틀니는 하마의 엄니를 조각해서 만든 판에 진짜 치아로 만든 이를 끼워 넣은 것이었다. 일부는 말과 당나귀 이빨을 사람의 이와 비슷하게 깎아서 만들었지만 대부분은 진짜 사람의 이였다. 이 때문에 당시에는 일상적이던 치아 문제가 현대에 접어들어 윤리나 홍보와 관련된 문제로 바뀌었다. 그 핵심에는 치아의 출처에 대한 단순한 의문이 있었다. '워싱턴은 **어떤 사람의** 치아로 씹고 있었을까?'

마운트 버넌Mount Vernon(조지 워싱턴의 농장 저택—옮긴이)의 장부를 보면, 워싱턴의 치과 의사였던 장 피에르 르 마이외르Jean Pierre Le Mayeur 박사가 방문하기 몇 달 전인 1784년 5월 8일 항목에 '르 마이외르 박사 때문에 치아 9개 비용을 흑인에게 현금으로 지급'(원문 그대로 옮김)이라고 적혀 있고 6파운드 2실링을 지불한 기록이 있다. 워싱턴이 농장 노예들에게 치아 9개를 구입한 목적이 치과 의사가 자신의 틀니를 만들도록 하기 위해서였는지, 가족을 위한 것이었는지, 단순히 르 마이외르 박사에게 선물하기 위해서였는지는 불분명하다. 하지만 값을 저렴하게 치른 것은 확실하다. 르 마이외르는 뉴욕에 '상태가 좋은' 앞니 한 개당 2기니guinea[영국의 옛날 화폐 단위로 21실링(현재 기준 1.05파운드)에 해당한다—옮긴이]를 지불하겠다는 광고를 실은 적이 있었다. '상태가 좋다'는 것은 분명 '모양이 온전한' 치아는 물론이고 색이 흰 치아를 의미했는데…… 이는 법랑질 색과 달랐다. 『리치먼드Richmond』에 실은 광고에서 그는 '노예를 제외한' 사람들의 치아를 구입한다고 분명히 밝혔다. 마운트 버넌에서 구입한 치아 9개는 백인의 치아로 따지면 18파운드가 넘었다. 하지만 백인이 아닌 사람들의 치아였기 때문에 3분의 1도 되지 않는 가격이었다.

물론 '흑인들'은 자기 치아를 내주는 대가로 지불받은 돈을 구경도 못 했고 그 돈이 다시 마운트 버넌의 수입으로 흘러 들어갔을 가능성도 매우 높다. 이뿐만 아니라, 마운트 버넌 문화재 보존 협회인 마운트 버넌 여성 협회Mount Vernon Ladies' Association에서는 다음과 같이 교묘하게 (축소하여) 언급하고 있다. "여기에서 주목해야 할 중요한 점은, 워싱턴이 노예들에게 치아 값을 지불했다고 해서 노예들에게 그의 요구를 거절할 실질적인 선택권이 있었다는 뜻은 아니라는 것이다." 그렇다. 노예들의 치아까지도 이 빠진 노예 주인의 변덕에 좌지우지되었다.

부유하지만 몹시 인색했던 워싱턴이 틀니를 제작할 때 가장 돈이 덜 드는 치아를 선택한 것은 그리 놀라운 일이 아니다. 그는 자기 치아에 들이는 돈을 아끼려고 꾸준히 노력했다. 1782년, 군 사령관으로 전장에 있던 그는 (먼 친척이자) 마운트 버넌을 관리하고 있던 런드 워싱턴Lund Washington에게 편지를 써서, 책상 서랍에 빠진 이를 몇 개 넣어두고 잠가놓았으니 확인해 달라고 부탁했다. 그는 런드가 그 이를 보내주면 틀니를 만드는 데 사용하고 싶어 했다. 이런 사람이었으니 워싱턴은 자기 틀니에 맞는 값비싼 치아를 사는 대신 6파운드를 들여

'흑인의 치아'로 의치를 만들려고 했을 것이다.

틀니의 출처를 둘러싼 상황과 시대를 거스르는 광고 때문에 문제가 되기는 하지만, 당시 워싱턴은 노예 제도의 전반적인 개념을 두고 갈등했으며 새로운 공화국에서는 이를 종식하고 싶다고까지 말한 것으로 전해진다. 하지만 노예 제도를 싫어했다고 해서 그가 56년 동안 노예를 소유했다는 사실을 부정할 수는 없다. (워싱턴은 열한 살 때부터 노예를 소유했다.) 그리고 그는 자기 치아에 대해서도 매우 실용적이고 인색했듯이 인적 자산에게도 마찬가지였다. 대표적인 사례를 살펴보면, 요크타운Yorktown에서 콘월리스Cornwallis가 항복하자 워싱턴은 전쟁 중에 영국으로 달아난 자기 농장의 노예들을 모두 되돌려 달라고 요구했다. (제퍼슨도 같은 요구를 했다.) 결국 워싱턴은 그들을 비롯해 마운트 버넌의 노예들을 모두 자유롭게 해주었는데, 노예를 소유한 미국 헌법 제정자들 중 이렇게 한 사람은 그가 유일했다. 그는 1799년 유언장을 통해 마운트 버넌의 모든 노예들을 풀어주라고 지시했다. 단, 시점은 그가 사망한 뒤였다.

워싱턴의 치아 문제가 콘월리스를 무너뜨리는 데 어떻게 도움을 주었을까?

워싱턴은 일기와 편지를 통해 자신의 치아 문제에 대해 밝혔지만 이를 드러내 놓고 말한 적은 거의 없었다. 그랬기에 영국이 군의 공식 서신이 담긴 우편 꾸러미를 가로챘을 때 그가 당황한 것은 당연했다. 그 꾸러미 안에는 워싱턴이 필라델피아에 있는 치과 의사에게 (군이 주둔하고 있는) 뉴욕시티로 양치질 도구를 보내 달라고 요청하는 편지도 들어 있었다. 그에게 양치질 도구가 필요했던 이유는 '조만간 필라델피아에 갈 가능성이 거의 없기도 하고' 치아를 건강하게 유지하고 싶었기 때문이다. 결과적으로 편지를 빼앗긴 것은 (비록 워싱턴을 당황하게 만들었지만) 정말 잘된 일이었다. 영국 군 사령관 헨리 클린턴 경Sir Henry Clinton은 '나는 필라델피아에 가지 못할 것이다'라는 문구를 미국과 프랑스 군대가 계속 뉴욕 근처에 주둔할 것이라는 의미로 받아들였고, 그래서 요크타운에 주둔 중이었던 콘월리스의 부대를 보강하지 않았다. 하지만 헨리 클린턴 경은 틀렸다. 워싱턴과 프랑스 연합군은 남쪽으로 진군하여 콘월리스의 부대와 교전을 벌일 계획이었고 그렇게 했다. 그리고 콘월리스의 부대를 물리쳤다.

우울하고 지저분한
틀니의 역사

가장 오래된 의치는 멕시코에서 발견되었고 기원전 2500년으로 거슬러 올라간다. 이 의치는 늑대로 추정되는 동물의 이빨로 만들어졌다. 동물의 이빨은 수 세기 동안 의치의 재료로 선택받았다. 아니, 이건 어디까지나 추측이다. 기원전 700년보다 더 오래된 고대에 의치를 만든 사례가 많이 발견되지 않았기 때문이다. 에트루리아인들은 사람의 치아나 동물의 이빨을 금으로 만든 띠에 매단 다음, 그 띠를 기존 치아에 묶거나 금속 세공으로 고정했다. 그러면 짜잔! 고대의 부분 의치가 완성된다! 이렇게 만든 의치는 대개 상태가 금세 안 좋아져서 꽤 자주 교체해야 했다. 이런 이유로 의치는 주로 부자들이 했다. 하지만 이 방식은 수 세기 동안 사용되었을 정도로 충분히 효과가 좋았다.

의치는 16세기 무렵 일본에서 나무 틀니가 발명되면서 크게 도약했다. 장인들은 밀랍으로 본뜬 사람 입 모양에 맞게 끼워 넣을 의치를 조각했는데, 이렇게 만든 의치는 훨씬 정확하게 맞아서 인기가 많았다. 나무 틀니는 20세기가 시작될 무렵까지 계속 쓰였다. 물론 이것 말고도 선택지는 있었다. 치과 의사들은 동물 이빨도 계속 사용했고, 1700년대에는 바다코끼리, 코끼리, 하마의 엄니에서 추출한 상아질이 가장 새롭고 혁신적인 재료로 쓰였다. 그다음으로 1700년대 후반에는 도자기 의치 광풍이 불었다. 프랑스 치과 의사는 '썩지 않는' 틀니라고 불리던 이 의치를 직접 칠해서 더 자연스러워 보이게 만들었다. 하지만 도자기 틀니는 보기에는 좋았으나 성능이 좋지 않았다. 도자기는 쉽게 깨지기 때문이었다. 이 시점에서 약간 후퇴해 동물의 이빨로 돌아갔고 가장 선호도가 높은 건 인간의 치아였다.

문제는 인간의 치아를 필요한 만큼 구하기 어려웠다는 것이다. 어쨌든 대부분의 사람들에게는 자기 치아가 필요했을 테니까. 그러니까 살아 있는 사람들에게 말이다. 죽은 사람들에게는 치아가 필요 없었다…… 이런 까닭에 죽은 사람들이 중요한 의치 공급망이 되었다. 치과 의사가 시신의 치아를 거두어 오는 일은 흔했다. 워싱턴이 살았던 시대에서 수년이 지난 뒤, 프랑스에서는 소위 '워털루 치아'라고 불리는 형태의 틀니를 흔히 볼 수 있었다. 이런 이름이 붙은 이유는 1815년 워털루 전쟁Battle of Waterloo에서 전사한 수많은 군인들(최대 5만 명으로 추정된다)의 치아로 틀니를 만들었기 때문이다. 처형된 범죄자들 역시 치아 공급망으로 손쉽게 이용할 수 있었다. 그래, 다 좋다고 치자. 하지만 인간의 치아에 대한 수요가 너무 커진 나머지 살아 있는 사람들도 이 공급망에 들어왔다. 가난에 시달리던 사람들은 때로 돈을 손에 넣기 위해 이를 팔았다. 그리고 필사적으로 돈을 벌기 위해서가 아니라 어쩔 수 없이 살아 있는 치아 기부자가 되어야 했던 사람들도 있었다. 감옥에 갇힌 사람들과 워싱턴의 경우처럼 노예가 된 사람들이었다. 이는 치의학계의 공공연한 비밀이자 틀니의 어두운 면이었다.

16.

베네딕트 아널드의 다리

가장 뛰어난 군인이자 배신자

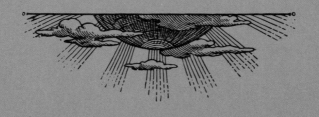

1741~1801년

영국 군인이자 변절자인 베네딕트 아널드Benedict Arnold는 미국 독립전쟁Revolutionary War과 관련해 전해 내려오는 이야기의 단골 등장인물로, 새로운 연합군의 첫 번째 악당이었다. (물론 영국인들과 미국 식민지 주민들 중 왕당파였던 3분의 1은 생각이 달랐을지도 모른다. 그도 그럴 것이 그들은 전쟁에서 패했으니까.) 아널드는 너무 심하게 미움받은 나머지, 고향인 코네티컷Connecticut주 노리치Norwich의 수기로 작성된 출생 기록부에 '반역자 베네딕트 아널드'라고 공식적으로 기록되었다.

하지만 정확히 말하자면, 아널드는 100%가 아니라 90%만 반역자로 여겨졌다. 나머지 10%는 무엇일까? 음, 일반적으로 사람의 다리는 몸에서 10% 정도의 비중을 차지하는데, 아널드의 다리는 나머지 몸과 달리 영웅 대접을 받았다. 그리고 그의 다리는 뉴욕 사라토가 국립 역사 공원Saratoga National Historical Park에 화강암으로 영원히 남게 되었다. 군화를 얇은

돌을새김으로 새긴 이 기념물에는 다음과 같은 글귀가 적혀 있다.

> 대륙군에서 '가장 뛰어난 군인'을 기리며. 그는 1777년 10월 7일 버고인스 그레이트 웨스턴 보루Burgoynes Great Western Redoubt의 돌격 지점이었던 바로 이곳에서 심각한 부상을 입으면서 미국 독립 혁명American Revolution의 결정적인 전투에서 동포들에게 승리를 안겨주었고 소장Major General으로 진급했다.

예리한 독자라면 '가장 뛰어난 군인'의 이름이 언급되지 않았다는 점에 주목할 것이다. 그렇다. 아널드는 자신의 영웅적인 행동을 기리는 기념비에서조차 미국 독립전쟁판 '이름을 말해서는 안 되는 자He Who Shall Not Be Named'로 남아 있다. 하지만 남북 전쟁Civil War 참전 경력이 있는 소장이자 군 사학자인 존 왓츠 드 페이스터John Watts de Peyster는 아널드가 배신하기 전에 보여준 행동에 깊은 감명을 느꼈기에 이름 없는 기념비를 세워 충성스러운 다리에 약간의 감사를 표했다.

그렇다고 해도 아널드의 다리는 미국 독립 혁명에서 심각하게 부상당한 것을 제외하고는 그 어떤 전투에서도 특별히 대단한 일을 하지 않았다. 그리고 예상과 달리, 다리 부상은 아널드가 불만을 품고 결국 변절하여 영웅에서 반역자가 되도록 한 데 크게 기여한 것으로 보인다.

베네딕트 아널드의 다리

베네딕트 아널드가 전반적으로 영웅적인 행동을 한 것은 분명했다. 1775년 4월, 그는 첫 전투에서 민병대를 이끌었고 그 후 한 달 만에 영국 포병대의 근거지 타이컨더로가 요새Fort Ticonderoga를 장악했으며 아내의 사망에도 불구하고 퀘벡Quebec 을 점령하기 위해 대담하게 캐나다 작전을 이끌었고 다리(바로 그 다리)를 다쳤음에도 용케 영국군을 물리쳤다. 그는 영국 국무장관 제르멩 경Lord Germain이 미국 군대에서 '가장 진취적이고 위험한' 야전 사령관이라고 부를 정도로 미국 독립 혁명에서 잘 알려진 이름이었다.

아널드의 전투 이력은 1777년 사라토가 전투Battle of Saratoga 이후에 중단되었다. 그는 퀘벡 점령 작전 때 부상당한 왼쪽 허벅지에 또다시 부상을 입은 채 부대를 이끌다가 말에 깔렸다. 아널드는 목숨을 건졌고 대륙군은 그의 리더십에 크게 힘입어 전투에서 승리했다. 나중에 그의 병사 중 한 사람이 쓴 것처럼 그날 아널드는 '전쟁의 귀재'였다.

병사들은 아널드가 전장에서 보여준 탁월한 재능을 존경했지만, 대륙군의 권력자들은 그렇게 생각하지 않았다. 그는 진급에서 밀려났고 하급 장교 다섯 명이 그를 제치고 진급했다. 아널드는 (이선 앨런Ethan Allen을 포함한) 군의 다른 지도자들이 자신을 험담하고 자신의 공을 가로챘다고 확신하게 되었다. 그리고 다리를 치료받으며 필라델피아에 갇혀 있는 동안 대중에게도 전반적으로 인정받지 못한다고 느끼기 시작했다.

이를 아널드만 느낀 것은 아니었다. 대륙군의 다른 여러 군인들, 특히 장교가 아닌 일반 사병들도 무시당한다고 느꼈다. 일부는 계급주의 때문일 수 있었다. 민병대에는 수많은 중산층 남성들이 있었지만 그중 상비군은 거의 없었다. 그리고 전쟁이 지속됨에 따라 중산층이든 아니든 실제로 입대하고 **싶어 하는** 사람들이 줄었다. 1776년의 열정 가득한 정신은 1777년이 되어 지치고 기운 빠진 정신으로 변했다. 매우 대조적인 현상이었다. 처음에는 모두 영국에 대항하여 싸우는 데 참여하고 싶어 했다. 1775년 4월 19일, 폴 리비어 Paul Revere 가 '영국군이 온다!'라고 외친 지 고작 1주일 만에 뉴잉글랜드 New England의 4개 식민지에서 온 남성 1만 6000명이 포위 작전을 수행할 군대를 결성했다. 두 달 뒤인 6월에는 대륙 회의 Continental Congress가 주도권을 잡아 뉴잉글랜드에서 온 병력을 전국 단위의 대륙군으로 만들었다. 하지만 그 후 불과 6개월 만인 1776년 1월, 조지 워싱턴 장군은 대륙군에 입대하려는 남성들이 부족한 현실에 이미 낙담하고 있었다.

그는 조지프 리드 Joseph Reed(이 사람에 대해서는 잠시 후에 살펴보자)에게 보낸 편지에 "더 이상 모병제로 군을 완성할 수 있으리라는 희망이 없다"라고 썼다. '영국군을 잡자'면서 솟구치던 아드레날린이 한차례 지나가고 나자 식민지 거주민들 중 다수는 입대하면 좋지 않은 일이 생길 수 있다는 사실을 깨달았다. 이를테면 부상을 입는다거나 죽는다거나. 군은 입대 유인책으로 현금이나 부동산 지급, 복무 기간 단축, 휴가 연장 등을 사람들에게 제시해야 했다. 그리고 1777년, 의회가 군 복무

기간은 최소 3년이거나 전쟁이 끝날 때까지라고 말하자, 둘 중 어느 쪽이 더 짧든 간에 군은 더 좋은 조건의 유인책을 마련해야 했다. 군과 거리를 둘 정도로 경제적 여유가 있는 수많은 '애국자'들은 입대하지 않았고 대부분의 군인들은 재산 없이 혼자 사는 가난한 젊은 남성들이었는데, 이들은 애국심에서 비롯된 열정 때문이 아니라 특전 때문에 입대했다. (어느 군인은 이렇게 회상했다. "이왕 가야 한다면 나를 위해 최대한 많은 것을 얻도록 애쓰는 편이 낫다고 생각했다.") 보상금을 늘리고 모집자들이 감언이설로 설득했음에도 별다른 효과를 거두지 못하자, 1778년 말 무렵에는 대부분의 주가 징병제로 전환했다.

불만을 품은 대륙군의 여느 병사들보다 아널드가 몇 걸음 더 나아간 것은 당연했다. 어떤 사람들은 그가 왕당파였던 아내에게 자극을 받았다고 말한다. 또 어떤 사람들은 사실 아널드가 펜실베이니아 최고 집행 위원회Pennsylvania Supreme Executive Council 위원장이었던 조지프 리드가 판 함정에 휘말려서 아주 강압적으로 배신을 강요당했다고 생각한다. 조지프 리드는 아널드가 반역 행위에 연루되었다는 소문을 퍼뜨렸을 뿐만 아니라 그를 반역죄로 고발하려 했는데, 이는 음모에 가까웠다.

물론 불과 몇 년 뒤에 아널드는 변절하여 자신이 지휘하던 웨스트 포인트West Point를 영국에 넘겨줄 계획을 세움으로써 실제로 반역의 길에 들어섰다. 하지만 음모는 발각되었고 그와 공모한 영국 소령 존 안드레John André가 교수형을 당하는 동안, 아널드는 말하자면 영국 쪽으로 도망치게 되었다. 그 후

두 번의 전투에서 영국 장교로 싸운 뒤에, 그는 미국에서는 반역자라는 사실 이외에 모든 것이 잊힌 채 영국에서 따돌림당하며 과거의 영웅적인 삶을 마감하게 되었다. 하지만 자신의 다리를 확실한 유산으로 남겼는데, 이는 어느 정도 예견된 일이었다.

몇 년 전, 영국군을 이끌던 아널드는 생포된 대륙군 대위에게 자신이 잡힌다면 미국인들이 어떻게 할 것 같냐고 물었다. 그러자 대위는 이렇게 대답했다. "사라토가에서 부상당한 다리를 잘라서 전쟁의 명예를 기리며 묻은 다음 나머지 몸은 교수대에 매달겠지요."

제법 비슷하다.

베네딕트 아널드의 다리

대륙군의 치명적인 적

대륙군에서 복무하는 것은 분명 위험한 일이었다. 하지만 미국 독립 혁명에 참여한 군인들에게 영국군은 가장 치명적인 위협과 거리가 멀었다. 부대가 맞닥뜨린 최악의 살인마는 천연두였다. 천연두는 대륙군과 영국군을 모두 휩쓸었다. 하지만 영국군보다 대륙군이 훨씬 큰 타격을 받았다. 영국군은 이전에 예방접종을 맞거나, 천연두에 노출된 적이 있어서 대부분 면역력을 갖고 있었다. 또한 천연두가 대규모로 퍼지자 재빨리 모든 병사들에게 예방접종을 실시했다. 하지만 워싱턴은 감염 초반에 예방접종 때문에 병사들이 한동안 전투에 나가지 못하는 위험을 감수하고 싶지 않아서 대륙군의 예방접종을 꺼렸다. 그래서 천연두가 대륙군을 소탕했다. 천연두 대유행이 수그러들 기미가 보이지 않자 (이는 1775년부터 1782년까지 지속되었다) 결국 워싱턴은 미국 역사상 최초의 집단 예방접종이 된 정책을 시행하기로 결정했다.

베네딕트 아널드는 반역자가 되어 얼마를 벌었을까?: 총계

6000파운드(실패한 웨스트 포인트 작전 착수금. 성공했다면 2만 파운드를 받았을 것이다.)

315파운드(내역이 밝혀지지 않은 비용)

연간 650파운드(영국군에서 현역으로 복무하고 받은 액수. 평화 조약이 체결된 1783년 이후에는 연간 225파운드를 받았다.)

2000파운드 이상(아널드와 부하들이 버지니아Virginia주 제임스강James River에서 미국 선박을 나포한 대가로 받은 상금 중 본인 몫)

여기에 더하여 아널드의 두 번째 부인은 조지 왕King George의 명령으로 연간 500파운드의 연금을 받았고 (아직 태어나지 않은 자녀를 포함해) 그녀의 자녀들은 연간 80파운드의 연금을 받았다.

결론: 역사학자마다 평가가 다르지만 아널드는 반역자가 된 대가로 5만 5000달러에서 12만 달러 사이에 이르는 돈을 벌었다. (총액과 상관없이 아널드는 만족하지 못했다. 1785년, 그는 변절로 인해 발생한 손실을 보전해 달라면서 1만 6125파운드를 추가로 요구했다. 하지만 받지는 못했다.)

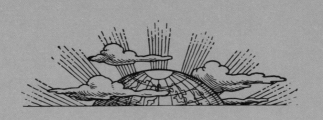

17.

마라의 피부

죽었기 때문에 좋아진 사람

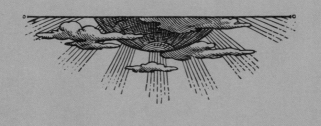

1743~1793년

세계적으로 매우 유명한 그림 중에 한 남자가 욕조에 누운 채 죽어 있는 그림이 있다. 그림 속 남자는 지독한 피부염 때문에 욕조에 몸을 담그던 중이었다. 이 그림의 제목은 「마라의 죽음The Death of Marat」인데, 이 그림 때문에 한동안 프랑스 혁명에 다시 불이 붙었고 순교자가 탄생했다. CSI 범죄 현장과 종교 미술을 매우 잘 버무린 듯한 이 작품은 암살자의 칼에 찔린 프랑스 혁명가 장-폴 마라Jean-Paul Marat의 최후를 묘사하고 있다.

마라는 '사무실'로 쓰던 자신의 집에서 일하던 중에 암살당했다. 욕조에 널빤지를 걸쳐놓고 그 위에 서류를 올려둔 채였다. 그해 여름은 힘들었다. 마라는 고질병인 피부병이 악화되는 바람에 혁명 다수당이던 국민공회National Convention(얼마 전에 프랑스 왕정을 전복하고 왕을 참수했다)에서 어쩔 수 없이 물러나야 했고 세간의 관심에서 밀려났다. 그는 욕조에 몸을

담근 채 대부분의 시간을 보냈다. 욕조는 타는 듯하고 가려운 피부병 증상에서 유일하게 벗어날 수 있는 곳이었다. 오래된 친구들과 동지들은 계속 그를 피했다. 그가 추구하는 급진적이고 발로 뛰는, 아니 실제로는 목을 베는 식의 혁명은 유행이 지났다.

마라는 새로운 헌법에 영향력을 행사하고 싶은 마음에, 욕조에 앉은 채로 국민공회에 계속 편지를 써서 인민의 적에 대항하는 행동을 촉구했다. 하지만 과거 동지였던 자코뱅파 Jacobins는 그가 옹호하던 유혈 혁명에서 벗어나고 있었다. 프랑스 혁명을 끌고 나간 힘 중 하나였던 그의 시대는 끝난 것처럼 보였다. 어쨌든 연설을 하여 대중을 자극하는 대신 욕조에 몸을 담그고 있을 수밖에 없는 처지이니 큰 영향력을 행사할 수는 없었다.

마라는 자신이 꿈꿔온 것보다 훨씬 큰 영향력을 프랑스 혁명에 미치게 되리라는 것을 알지 못했다. 그리고 욕조에 몸을 담그고 있었던 일이 그 영향력의 큰 부분을 차지하게 되었다.

1793년 7월 13일 저녁, 샤를로트 코르데Charlotte Corday라는 이름의 젊은 여성이 욕조에 몸을 담그고 있던 마라를 찾아와서, 폭력 혁명에 반대하는 반혁명 온건파(마라와 그의 당파는 지롱드파Girondists라고 불렀다)에서 이탈한 몇몇 당원에 대한 정보를 알고 있다고 말했다. 코르데는 이들의 이름을 말했고 마라는 받아 적었다. 그리고 잠시 후 그녀는 보디스bodice(드레스 상체 부분—옮긴이)에서 부엌칼을 불쑥 꺼내 마라의 가슴을 찔러 경동맥을 절단했다. 상처에서 피가 솟구쳐 나왔다. "여보, 도와줘!" 그는 옆방에 있던 아내를 불렀고 잠시 후 욕조에서 꼬꾸라져 숨졌다.

나흘 뒤, 코르데는 처형되었다. 그녀는 마라의 집에서 빠져나갈 기회를 잡지 못했고 그럴 생각도 없었다. 지롱드파를 지지했던 코르데는 마라의 급진적인 관점 때문에 프랑스가 내전으로 치닫고 있다고 생각했기 때문에 그를 암살했다. "저

는 수많은 사람을 구하기 위해 한 남자를 죽였습니다." 코르데
는 재판에서 이렇게 말했다. 마라가 욕조에 몸을 담그고 있을
때 암살한 것은 막판에 변경된 계획이었다. 원래 코르데는 사
람들이 많은 곳에서 그를 암살한 다음 자신도 군중의 손에 죽
기를 바랐다. (이는 18세기에 자살을 결심한 사람이 경찰을 자극
하여 죽음에 이르던 방식을 왜곡한 것이었다.) 그리고 군중을 자
극한 자살로 지롱드파의 순교자가 되고자 했다. 그 대신 코르
데는 마라를 순교자로 만들었고, 이는 혁명론자인 자코뱅파가
결집하는 가장 큰 계기가 되었다.

살아 있을 때의 마라는 순교자에 그다지 어울리지 않았
다. 그의 첫 직업은 (자그마치 프랑스 궁정 사람들을 담당하던)
의사이자 아이작 뉴턴Isaac Newton에 반박한 과학자였다. 그는
과학 아카데미Academy of Sciences로부터 무시당하자 발끈하여
정치 쪽으로 분야를 옮겼고, 프랑스 혁명의 씨앗이 뿌려지던
1788년에는 마흔여섯의 나이로 혁명에 몰두하는 급진파가
되었으며 혁명의 대변자로 빠르게 이름을 날리기 시작했다.
1789년 9월, 『라미 뒤 퓌플L'Ami du Peuple』(민중의 벗)이라는 신
문을 발행하기 시작한 뒤로 그의 영향력은 점점 커졌다. 가난
한 사람들을 강력히 옹호했던 그는 대중이 권리를 위해 싸우
도록 일깨우는 자극적인 글을 썼다. 귀족은 물론이고 충분히
개혁적이지 않은 혁명가들까지도 맹렬히 비난한 마라는 혁명
가 중의 혁명가였다. 그리고 그는 마음이 온화한 사람이 아니
었다. 1790년 7월, 그는 반혁명론자들에 대해 쓴 소책자「우리

는 끝장났다! C'en est fait de nous!」에 "500~600명의 목이 잘려나가면 여러분의 휴식과 자유와 행복을 보장할 수 있을 것이다"라고 썼다.

폭력적인 혁명을 설득하는 과정에서 방해가 되는 요인도 생겼다. 그래서 마라는 자주 잠적할 수밖에 없었는데, 주로 파리의 지하 무덤과 하수관으로 숨어들었다. 이곳은 누구에게나 그리 쾌적한 장소가 아니지만 고통스러운 만성 피부병을 앓는 사람에게는 특히 문제가 되었다. 마라는 극심한 가려움증과 타는 듯한 통증뿐만 아니라 불면증, 해소되지 않는 갈증, 두통, 피해망상까지 유발하는 심한 피부병을 앓았던 것으로 보인다. 의사들과 역사학자들은 이 피부병이 그가 하수관에서 지냈기 때문에 시작되었는지, 아니면 원래 피부병을 앓았는데 더 악화된 것인지 정확히 알지 못한다. 하지만 피부병이 1788년에서 1790년 사이에 시작되었고 마라가 고통에서 벗어나는 시간은 욕조에 몸을 담그고 있을 때뿐이었다는 데에는 동의한다. 이제 다시 7월 13일 사건으로 돌아가 보자.

자코뱅파는 마라가 불명예스럽게 임종한 욕조를 프랑스의 골고다 Golgotha(그리스도가 십자가에 못 박힌 곳 ─옮긴이)라며 칭송했는데, 이는 그들이 재빨리 고안해 낸 '마라를 순교자로 만들기' 운동의 중심축이었다. 마라가 사망하자, 그것도 다름 아닌 적 지롱드파의 손에 사망하자, 혁명 세력인 자코뱅파는 마라가 암살당하기 전에는 그와 거리를 두었음에도 선뜻 그를 받아들일 수 있게 되었다. 살아 있을 때의 마라보다 죽은 마라가 그들에게 훨씬 큰 도움이 되기 때문이었다. 물론 마라가 훨씬 조용해졌기 때문이기도 했다. 그래서 자코뱅파는 마라를 대의를 위해 희생된 최초의 귀족 순교자, 즉 혁명적이고 반귀족적이며 반종교적인 메시아로 확립하는 작업에 착수했다.

당대에 잘나가던 화가이자 사실상 공식적인 혁명 화가였던 자크-루이 다비드Jacques-Louis David는 마라의 장례식을 준비하고 캔버스에 암살을 기념해 달라는 요청을 받았다. 장례식은 6시간 동안 진행되었고 몇 분 간격으로 대포를 쏘며 파리의 거리를 행진하는 것으로 끝났다. 마라의 유해는 원래 매장한 장소에서 유명하고 존경받는 사람들의 안식처인 판테온Pantheon으로 이장되었고, 그곳에서 사드 후작Marquis de Sade(당시 그는 '시민 사드Citizen Sade'로 불리는 것을 더 좋아했다)은 다음과 같이 마라를 기리며 그를 메시아의 위치에 확실히 올려놓았다. "마라는 예수처럼 민중을, 아니 민중만을 열렬히 사랑했습니다. 마라는 예수처럼 왕과 귀족과 성직자와 악한을 싫어했으며 민중을 괴롭히는 이 재앙에 쉼 없이 맞서 싸웠습니다."

이는 마라를 예수와 연관 짓는 일의 시작에 불과했다. 1793년 10월에 완성된 다비드의 그림은 암살 현장을 그대로 보여주었다. 욕조에 널빤지가 걸쳐져 있고 그 위에는 서류와 펜이 놓여 있으며 마라의 기댄 몸이 욕조 밖으로 나와 있었다. 하지만 그림 속 마라는 애당초 욕조에 몸을 담그게 만든, 피부에 파인 자국과 병변이 있는 중년 남성이 아니었다. 그는 빛나는 피부를 가진 젊은이였고, 카라바조Caravaggio의 「그리스도의 매장The Entombment of Christ」이나 미켈란젤로Michelangelo의 「피에타Pietà」 속 예수 같은 자세를 취하고 있었다. 그리하여 매우 뛰어난 선전 미술 작품이 탄생했고, 다비드의 제자들은 로베스피에르Robespierre를 비롯한 다른 지도자들의 주문에 따라 이 그림을 널리 퍼뜨리기 위해 사본을 몇 개 제작했으며…… 혁명적인 문구도 넣었다. 그리고 이보다 더 많은 것들이 만들어졌다. 마라의 흉상은 성당에서 성인들과 십자가의 자리를 차지했다. 그에 대한 시와 희곡도 쓰였다. 프랑스에서 마라는 종교는 아니지만 종교와 유사한, 새로운 정치를 이끄는 성인이 되었다.

하지만 제아무리 혁명적인 성인이라 할지라도 명성은 잠시 잠깐뿐이었다. 혁명 반대론자들이 반기를 드는 상황에서는 특히 더했다. 마라가 암살당한 지 1년 남짓 지났을 무렵, 테르미도르의 반동Thermidorian Reaction이라는 쿠데타가 일어났다. 그 결과, 자코뱅파가 쫓겨났고 신성한 성인 마라는 순식간에 욕먹는 마라가 되었다. 1795년 2월에는 판테온에 묻혀 있던 그의 유해가 파헤쳐졌다. 1795년 2월 4일 자 『르 모니퇴르 위니베르셀Le Moniteur Universel』 신문의 뉴스 보도를 보면 대중의 시각에서 마라가 어느 정도까지 몰락했는지 알 수 있다. 아이들은 그의 흉상을 들고 조롱하며 마을을 돌아다니고 나서, (몇 달 전까지만 해도 몽 마라Mont Marat로 이름이 바뀌었던) 몽마르트Montmartre에서 "마라, 네 판테온은 여기다!"라고 외치며 흉상을

버렸는데, 버린 장소가 아이러니하면서도 그와 어울리는 하수
도였다.

그런데 욕조는
어떻게 되었을까?

마라가 암살당한 뒤에, 발목이 높은 신발처럼 생겼고 테두리에 구리를 두른 욕조가 그의 집에서 사라지는 바람에 혁명론자들은 매우 강력한 상징물을 잃게 되었다.

마라가 임종을 맞이한 욕조를 마라의 아내가 이웃에게 팔았고 그 이웃이 다시 욕조를 판 것으로 추정되는데, 1862년에는 브리타니Brittany 교구의 어느 사제가 소유하게 되었다. 『르 피가로Le Figaro』의 진취적인 기자 한 사람이 욕조를 추적하자 사제는 쥐고 있던 물건으로 교구에 큰돈을 끌어모을 수 있다는 사실을 깨달았다. 그는 먼저 카르나발레 박물관Musée Carnavalet에 접근했지만 거절당했다. 가격이 너무 비쌌고 그 욕조가 정말 마라의 것인지 완전히 확신할 수 없다는 이유였다. 다음으로 접근한 곳은 마담 투소Madame Tussaud의 밀랍 인형 박물관이었다. 이곳에서는 10만 프랑을 제안했으나 전해지는 바에 따르면 사제가 수락하는 편지가 분실되어서 박물관에서 흥미를 잃었다고 한다. 사제는 P. T. 바넘P. T. Barnum(19세기 미국 하원 의원이자 기업인—옮긴이)의 제안을 비롯해 몇 번의 제안을 가격이 낮다는 이유로 거절한 끝에, 결국 고작 5000프랑을 받고 밀랍 인형 박물관인 그레뱅 뮤지엄 Musée Grévin에 욕조를 팔았다. 그곳에서 욕조는 마라의 죽음을 재현하는 (매우 자극적인) 역할을 맡았다.

그런데 그림은
어떻게 되었을까?

로베스피에르가 실각하고 처형당한 뒤에 「마라의 죽음」도 운명이 바뀌었고 더 이상 예전처럼 특별한 그림으로 취급받지 못하게 되었다. 1795년, 혁명에 가담한 혐의로 기소된 다비드는 그림을 돌려달라고 요청했다. 그가 그림을 가지고 벨기에로 망명했기 때문에 꽤 오랫동안 그림을 볼 수 없었다. 그러다가 19세기 중반, 그림이 다시 나타나 인기를 얻었는데, 이에 가장 큰 역할을 한 사람은 시인이자 비평가인 샤를 보들레르Charles Baudelaire였다. 보들레르를 시작으로 「마라의 죽음」은 수많은 예술가들에게 영감을 주었다. 이들 중에는 피카소Picasso와 뭉크Munch는 물론이고 고전 희곡 「마라/사드Marat/Sade」 등의 작품을 쓴 시인과 작가도 있었다.

18.

바이런 경의 발

나쁜 남자 이미지에 숨겨진 진심

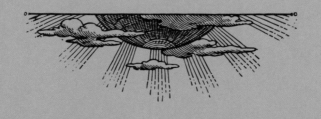

1788~1824년

"그녀는 밤처럼 아름답게 걷네." 잉글랜드 시인 조지 고든 George Gordon, 즉 바이런 경 Lord Byron은 이렇게 썼다. 그는 낭만주의 사조의 핵심 창시자이자 당대 가장 인기 있는 문학계 유명 인사이며 동경의 대상이었지만 아름다운 뮤즈와 나란히 매끄럽게 걷기는 무척 힘들었을 것이다.

문제는, 바이런 경의 발에 선천적인 장애가 있어서 (많은 이들이 선천성 만곡족으로 추정했다) 걷기가 힘들었다는 것이다. 바이런의 친한 친구 에드워드 트렐로니 Edward Trelawny는 그의 독특한 걸음걸이를 이렇게 묘사했다. "그는 멈출 수 없다는 듯이 일종의 달리기를 하며 방으로 들어간 다음, 균형을 유지하기 위해 몸을 뒤로 젖히면서 장애가 없는 다리를 앞쪽에 단단히 고정했다." 이 묘사에 바이런은 매우 당황했다. 그래서 그는 장애가 있는 발을 아무에게도 보이지 않기로 작심한 듯했고, 실제로 그의 수많은 정부가 바이런이 아침이 되기도 전에 몰래 침대에서 빠져나가곤 했다고 설명했다.

이런 상황이 바이런의 창작물에 얼마나 영향을 미쳤는지는 짐작만 할 수 있을 뿐이다. 고대 이집트 파라오 십타Siptah부터 (투탕카멘도 만곡족으로 추정된다) 작가 월터 스코트 경Sir Walter Scott까지, 악명 높은 나치 선전가 요제프 괴벨스Joseph Goebbels부터 배우 더들리 무어Dudley Moore와 풋볼 선수 트로이 에이크만Troy Aikman까지, 세간의 관심을 끄는 유명인 중 만곡족(다리 아랫부분의 힘줄이 짧아서 안쪽으로 휜 발)으로 태어난 사람은 많다. 그리고 이들 중 다수는 정서적 영향을 상대적으로 적게 받은 듯하다. 하지만 바이런의 경우, 장애의 심각성 때문인지 그의 기질 때문인지 상황이 전혀 달랐던 것으로 보인다. 그와 동시대에 살았던, 독설로 유명한 수필가 윌리엄 해즐릿William Hazlitt은 바이런이 "기형인 발 때문에…… 복수심에 차서 시를 쓰게 되었다"라고 잔인하게 언급한 적이 있다. 이에 바이런은 적어도 부분적으로는 동의한 듯했다. 그는 미완성작이자 일부 자전적인 이야기이기도 한 희곡 「무능한 변신The Deformed Transformed」(1824)에서 척추 후만증을 앓고 '발굽이 갈라진' 주인공이 어떻게 장애 때문에 창작을 하게 되었는지에 대해 다음과 같이 쓴 적이 있다. "그것의 반쪽짜리 움직임은 / 다른 사람들이 할 수 없는 모든 것이 되기 위해 / 박차를 가하는 것이라네."

그가 말한, 자칭 '갈라진 발굽'은 창의력을 자극하는 역할을 했고 평생 극심한 고통의 원인이었다. 바이런의 친구이자 초창기 전기 작가였던 블레싱턴 부인Lady Blessington의 말에 따르면, 바이런은 해로Harrow에서 학교를 다닐 때 다리를 절뚝거린다고 동급생들에게 놀림당한 일을 잊지 못했다. 더 안타까운 일은, 바이런의 말에 따르면 어머니가 그를 몇 번이나 '다리 저는 애새끼'라고 불렀다는 점이다. 바이런은 자신을 '르 디아블 르 보아투le diable boiteux'('절름발이 악마'라는 뜻의 프랑스어)라고 칭하는 경우가 많았고, "기형 때문에 머릿속에 나를 좀먹는 씁쓸함이 생겨나고, 이로 인해 스스로 마음을 괴롭혀 온 세상과 등지게 되는 상황을 극복할 수 없다"라고 말했다.

하지만 바이런이 끔찍하게 싫어한 자신의 모습은 우리가 보기에는 매우 훌륭했다. 그는 36년이라는 짧은 생애 동안 「돈 후안Don Juan」, 「차일드 해럴드의 편력Childe Harold's Pilgrimage」, 「히브리 선율Hebrew Melodies」을 비롯한 고전 시를 썼을 뿐만 아니라, 중세 시대와 고딕 양식과 산업혁명 이전의 어두운 낭만을 누린 낭만주의 사조의 주역이기도 했다. 바이런은 상원 의사당 House of Lords에서 가난한 사람들의 이익을 강력하게 옹호했다. 그리스에서는 오스만 제국에 대항해 자유를 외치는 그리스인들과 함께했다. (그리고 그곳에서 비극적으로 사망했다.) 또한, 고독한 인간을 우주의 반대편에 세우는 낭만주의의 정서적 측면을 접목한 철학 분야를 사실상 혼자 만들어내기도 했다. 그리고 그답게 자신의 비극적 철학을 실천했다.

바이런 경은 자신의 모순, 즉 놀라울 정도로 잘생겼지만 다소 비밀스러운 장애를 이용해, 새로 만들어진 낭만주의 사조의 뛰어난 스타 대변인(당시에는 이 호칭이 아직 만들어지지 않았다)이 되었다. 그는 슈퍼스타계의 진정한 개척자였고, 논란의 여지가 있을지는 모르지만 '바이런식 영웅Byronic hero'이라는 명칭까지 있는 대중적인 문학 작품 속 이미지를 최초로 만들어 관리했다. 그는 자신의 창조물이 지닌 모든 속성을 품고 있었다. 즉, 재능이 뛰어나고 부유하고 자비롭고 고귀하고 은밀한 비극에 시달렸으며, 당연히 이에 걸맞게 잘생겼다. 동료 시인 새뮤얼 테일러 콜리지Samuel Taylor Coleridge는 바이런의 얼굴이 '태양의 입구가 열린 듯한 눈에…… 매우 잘생겼으며 거의 본 적이 없는 용모'라고 쓰기도 했다.

바이런은 잘생긴 얼굴의 영향력을 분명히 알고 있었다. 그는 예술 작품이나 출판물에 자기 얼굴이 묘사되는 것을 교묘하게 관리했다. 파파라치가 생기기 이전 시대에 이는 그렇게 어렵지만은 않았다. 바이런은 출판인 존 머레이John Murray에게 자신에게 호의적이지 않은 그림이나 조각을 모두 없애라고 지시하는 한편, 자신이 특별히 돋보이는 초상화를 의뢰하는 것은 물론이고 자신이 좋아하는 그림이나 조각을 추천했다. 그중 가장 유명한 작품은 화가 존 필립스John Phillips가 그린 초상화로, 그림 속 바이런은 알바니아 킬트, 수놓은 망토, 벨벳 조끼를 입고 있다. 이 화려한 옷은 바이런이 유럽 여행 중에 산 몇 벌 중 하나였다. 이 옷을 입은 바이런은 아주 낭만적인 산적처럼 보인다. 물론 진짜 산적이라기보다 할리우드Hollywood의 공상 속에 등장하는 산적 같지만.

　배역에 충실한 여느 훌륭한 할리우드 스타들처럼 바이런은 다이어트를 했는데, 체중을 줄이기 위해 설사약까지 사용했다. (그는 통통한 편이라 필사적이었다.) 한편, 그는 매우 넓고 다양한 팬층을 계속 끌어들였다. 어딘가 어두우면서도 잘생긴, 전형적인 낭만주의 시인이었던 바이런은 예상대로 여성 팬이 아주 많았는데, 이들 중 다수가 그에게 사인을 받거나 그의 머리카락 뭉치를 가지려고 안달했고 무엇보다 은밀하고 낭만적인 밀회를 원했는데…… 바이런은 이런 식의 탐닉을 꺼리지 않았다. 그는 전형적인 '나쁜 남자'였고, 어느 정부의 말에 따르면 '미치도록 알고 싶지만 알고 나면 나쁘고 끔찍한' 남자였다.

바이런은 그를 흠모하는 팬들이 보낸 편지를 대부분 간직했다. 받은 카드를 가지고 다니는 여느 유명 인사들처럼 그 역시 과한 칭찬을 즐기고 있었는지도 모르겠다. 팬레터의 내용은 2008년 옥스퍼드Oxford 사학자들의 연구를 통해 밝혀졌다. 편지는 주로 매우 성적이었고 가끔은 (이론상으로는) 시적이기도 했는데, 어느 팬은 바이런의 초상화를 보며 '떨리는 마음으로' 아래와 같은, 별로 알려지지 않은 글귀를 쓰기도 했다.

왜 나의 가슴이 환희에 가득 차 빛나는 것일까요? 왜 당신의 재능을 흠모하는 것일까요? 당신의 글을 읽는 동안 왜 나의 가슴에서 열정의 불길이 느껴지는 것일까요?

일부 팬들은 바이런에게서 자신들과 '비슷한 마음'을 보았다면서 그의 상처받은 마음을 '치유해' 주고자 했다. 그리고 바이런은 이런 편지들을 모두 읽었다. 여기에는 실용적인 면도 있었다. 이 팬 레터들은 사실상 표적 집단 데이터였다. 바이런은 팬 레터를 읽음으로써 팬들의 반응을 살피고 독자들이 자신을 어떻게 받아들이는지 알 수 있었다. (그는 비판적인 평론도 열심히 읽었고 해외에 있을 때에는 모두 보내 달라고 출판인에게 요청했다.) 그는 무심한 낭만주의 영웅 행세를 한 적이 많 았으나 그토록 많은 팬레터를 간직하고 있었던 것을 보면 팬 들이 읽고 싶어 하는 글을 씀으로써 작품에서도 팬들에게 반 응해 주었음을 알 수 있다. (사적이고 은밀한 편지 내용 때문에 두려워서 편지를 읽고 불태워 달라고 요구하는 팬들이 많았다.)

여성 팬들과 밀회를 즐기고 그들의 편지를 간직하기는 했 으나 바이런의 열정은 남성, 특히 청소년기 남성 쪽으로 기울 었는데, 그가 사망한 뒤에 유언 집행인과 출판인은 이 사실을 끊임없이 숨기고자 했다. 대표적인 사례를 살펴보면, 어린 그 리스 소년을 향한 연애 시는 '단순한 시적 해학'이라고 알려졌 다. 맞는 말일 수도 있다. 이쯤 되니 바이런이 '여자를 가까이 하는 나쁜 남자' 이미지로 자신을 포장한 이유가 강한 욕망 때 문이 아니라 유명 인사로서 긍정적인 이미지를 갖기 위해서가 아닐까 하는 생각도 든다. (그는 여성 동료들에게 벨보이 옷을 입히기를 좋아했던 것 같은데, 이는 분명 뭔가를 시사한다.) 어쨌 든 성적 억압이 심했던 1800년대 영국에서 동성 간의 성적 관 심은 불법이었다. 결국 바이런은 성적으로 '과도한' 특정 행동 으로 인해 어쩔 수 없이 고국을 떠나야 했다. 당시의 기록에 따 르면 이 과도한 행동에는 '.'(원문 그대로 옮김)이라는 부도덕 한 행위가 포함되었다. (그렇다. 당시에는 동성 간의 관계를 감 히 언급조차 할 수 없어서 점만 찍었다.)

이는 기존의 바이런식 영웅 이야기의 어두운 면이다. 그 의 성적 선호와 그가 언제나 존재하며 '영혼을 짓이기는' 장애

223

라고 말한 것을 인정하자 단순히 행복하게 자기 모습으로 살며 명성과 문학적 기량을 누리기가 힘들어졌다. 바이런은 분노, 방탕, 폭음, 침울한 고통에 점점 취약해졌다. 현대의 심리학자들은 이 모든 것을 '신체 이형증'의 전형적인 증상으로 본다. 신체 이형증이란 자신의 신체적 불완전성을 지나치게 곱씹는 정신 질환이다. 물론, 이 모든 고민 덕분에 세계에서 가장 위대한 명작 시가 탄생했지만, 애석하게도 바이런에게 이 정도는 충분하지 않았다.

바이런의 발에 얽힌
의학적 수수께끼

바이런의 '영혼을 좀먹는' 장애라는 말은 만곡족의 일반적인 상태에 비해 훨씬 심각하게 들린다. 만곡족은 1700년대 말에도 교정기, 스트레칭, 깁스 등을 통해 상당한 수준으로 치료 가능한 경우가 많았다. 그런데 왜 바이런은 부분적인 치료조차 시도하지 않았을까?

1959년, 저명한 영국 내과 의사 데니스 브라운Denis Browne 박사는 바이런이 신던 특수 신발 한 짝과 끈이 달린 각반(걸을 때 발목의 부담을 덜기 위해 무릎 아래부터 발목까지 감싸는 띠 – 옮긴이) 한 짝을 조사했는데, 둘 다 바이런의 책을 출간한 출판인의 후손이 소유하고 있던 물건이었다. 바이런의 신발은 길고 가늘었으며, 각반은 비정상적으로 두꺼웠다. 브라운 박사는 바이런에게 만곡족이 아니라 형성이상이 있었으며 이로 인해 발과 종아리 근육이 충분히 성장하지 못했다고 결론 내렸다. 다시 말해, 바이런은 힘줄이 짧은 것은 물론이고 발과 다리도 정상보다 훨씬 작고 가늘었다. 사실 바이런의 종아리는 (의사의 말에 따르면) '기괴하리만치 가늘었을' 것으로 추정된다. 따라서 두꺼운 각반을 덧대고 바지를 입어서 종아리를 정상으로 보이도록 했을 것이다. (일부 설명에 따르면, 예민한 바이런은 수영할 때에도 각반을 착용했다고 한다.) 그의 발에 대해 의사는 다음과 같이 언급했다. "이렇게 일종의 형성이상을 보이는 발은 언제나 뻣뻣하기 때문에 발목이 제대로 움직이지 못했을 테고, 이로써 몇몇 예리한 관찰자들 중 한 사람이 묘사한 미끄러지듯이 질질 끄는 걸음걸이를 설명할 수 있다."

바이런:
최초의 드라큘라 백작?

어둡고 폭풍우가 몰아치는 어느 밤이었다…… 아니, 며칠 밤이었다.

바이런 경, 그의 새로운 친구인 시인 퍼시 비시 셸리, 셸리의 약혼녀 메리 울스톤크로프트 고드윈Mary Wollstonecroft Godwin, 그녀의 이복 자매 클레어 클레어몬트Claire Clairmont(한때 바이런과 가까운 사이였다), 바이런의 주치의인 내과 의사 존 폴리도리John Polidori는 바이런이 빌린 제네바 호수Lake Geneva 근처의 집에서 폭풍우로 인해 유난히 춥고 어두운 6월을 보내고 있었다. 휴가용 저택에는 성적 긴장감이 흘렀다. 폴리도리는 메리에게 관심이 있었고 (메리는 이에 반응을 보이지 않았다) 클레어는 바이런에게 관심을 보였으며 셸리는 점점 불안해하고 있었다. 바이런은 시간을 보내기 위해 다 같이 유령 이야기를 말하거나 쓰자고 제안했고, 이후 며칠 동안 그들은 유령 이야기와 시를 낭독했다. 그곳에서 메리는 악몽을 꾼 뒤에 불후의 명작 소설 『프랑켄슈타인』을 착안하게 되었고 바이런은 초기에 쓴 뱀파이어 이야기 중 하나인 「프래그먼트Fragment」를 소개했다. 폴리도리는 바이런의 작품에서 영감을 얻어 결국 『뱀파이어The Vampyre』라는 적절한 제목의 흡혈귀 소설을 직접 쓰게 되었는데, 여기에는 바이런과 꼭 닮은 흡혈귀 루스벤 경이 등장한다. 이는 낭만적인 귀족 흡혈귀의 첫 등장이었다. 수년 뒤에 젊은 작가 브램 스토커Bram Stoker가 문학 작품 속의 흡혈귀를 창조하게 되었는데, 루스벤 경과 가시 공작 블라드Vlad the Impaler(불멸의 드라큘라 백작Count Dracula이라고도 알려졌다)가 합쳐진 흡혈귀가 이때 탄생했다.

19.
해리엇 터브먼의 뇌

저울추가 탄생시킨 비밀 결사

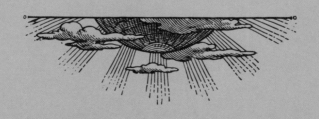

1822~1913년

1830년대 중반의 어느 날, 민티라고 불리던 십대 노예 소녀는 들판에서 달아난 도망자를 쫓고 있던 감독관의 도움 요청을 거부했다. 격분한 감독관은 무거운 쇠 저울추를 집어 들고 휘두르며 있는 힘껏 민티를 때렸다. 민티는 다음과 같이 회상했다.

> 저울추에 두개골이 부서지자 사람들은 숄을 잘라서 피를 닦고 그걸 머릿속에 밀어 넣었다. 그들은 피를 철철 흘리며 의식을 잃어가는 나를 집으로 데리고 갔다. 내게는 침대가 없었고 몸을 눕힐 곳이라고는 하나도 없었기 때문에 그들은 나를 베틀 의자에 앉혔고 나는 하루 종일, 그리고 그다음 날에도 거기에 있었다…… (얼마 후에) 나는 다시 일하러 갔고 그곳에서 앞이 보이지 않을 정도로 피와 땀을 흘리며 일했다.

이는 남북전쟁 이전에 남부에서 노예로 살던 사람들에게 흔히 일어나던 사건이었지만 흔치 않은 결과를 낳았다. 뇌 손상은 이 어린 소녀가 오늘날 우리가 알고 있는 비밀결사대 언더그라운드 레일로드Underground Railroad를 이끈 그 유명한 해리엇 터브먼Harriet Tubman이라는 상징적인 여성이 되는 데 도움을 주었다.

터브먼은 감독관이 휘두른 저울추에 맞아 두개골이 골절되었다. 현대의 신경학자들에 따르면, 그 골절 때문에 그녀에게 정서 매개 공감각emotionally mediated synesthesia이 생겼다. 이는 '하나의 감각 또는 인지 경로로 들어온 자극이 2차적인 감각 또는 인지 경로의 반사적이고 무의식적인 경험으로 이어지는 지각 현상'이다. 전문 용어를 쓰지 않고 좀 더 이해하기 쉽게 말하자면, 해리엇 터브먼은 온전한 정신을 유지한 채 환청을 듣고 환영을 보기 시작했다. 이 두 가지 덕분에 터브먼은 믿음이 강해졌고 자신에게 미래를 보는 능력을 비롯한 초자연적인 힘이 있다고 확신하게 되었는데, 덕분에 그녀는 이른바 동족들의 모세가 될 수 있었다.

구체적으로 살펴보면, 터브먼은 뇌 손상 때문에 머리가 깨질 듯한 두통, 발작성 수면, 선명한 꿈을 경험했다. 가장 중요하게는 현대 심리학자들이 '소발작 뇌전증absence epilepsy'이라고 추측하는, 몇 초 동안 지속되며 의식 장애를 유발하는 발작을 겪었다. 터브먼 자신은 이러한 증상을 더 단순하게 설명했다. 그녀는 밝은 빛과 화려한 오라를 보았고 출처를 알 수 없는 목소리를 들었다고 말했는데, 그중 일부는 신에게서 온 것이라고 생각했다. 터브먼은 이를 종교적인 체험으로 여겼고, 그녀가 꾸는 꿈과 함께 반복해서 겪는 고통에 대한 대가라고 생각했다.

두개골이 골절되기까지 그녀의 삶은 여느 노예들처럼 애달팠다. 그녀는 메릴랜드Maryland주에서 요리사 노예였던 해리엇 그린과 숙련된 나무꾼 노예였던 (그리고 나중에는 풀려난) 벤 로스 사이에서 태어난 아라민타 로스였다. 터브먼은 여느 노예 어린이들과 마찬가지로 일찍 일을 시작했다. 고작 다섯 살 나이에 밤에 아기 돌보는 일을 하게 되었는데, 아기가 깨지 않도록 계속 요람을 흔들거나 아기를 안고 있어야 했다. (아기가 울면 안주인이 와서 채찍질을 했다. 터브먼은 채찍질의 쓰라림을 피하기 위해 옷을 여러 겹 껴입는 법을 배웠다.) 여덟 살에는 허리 깊이의 물을 헤치고 다니며 덫에 걸린 사향쥐를 모은 다음 다시 집안일을 해야 했다. (훗날 터브먼은 밖에서 하는 일을 좋아한 중요한 이유가 하나 있었다고 말했다. 밖에서 일하면 엄격한 안주인의 채찍질을 피할 수 있었기 때문이다.) 그리고 열두 살에서 열네 살 사이의 어느 시점에 인생을 바꾸어놓은, 두개골이 산산이 부서지는 사건이 발생했다.

1849년으로 가보면, 20대가 된 터브먼은 주인의 죽음이라는 또 다른 삶의 변화에 직면했다. 당시 터브먼은 자유로워진 흑인 존 터브먼과 결혼했지만 (그리고 이름을 해리엇으로 바꾸었지만) 여전히 노예 상태였다. 주인이 사망했기 때문에 그녀는 팔려 가서 부모와 형제자매는 물론이고 남편과도 떨어질 가능성에 맞닥뜨렸다. 또한 그녀가 아이를 낳을 경우 당시 법에 따라 그 아이도 새로운 주인의 재산이 된다는 점도 잘 알고 있었다. 터브먼은 탈출할 때가 왔다고 판단했다. (남편은 남기로 했다.)

이를 계기로 터브먼은 북부에서 노예 해방을 지지하며 이들을 보호하는 가정과 사람들의 조직망인 언더그라운드 레일로드에 입문하게 되었다. 그녀는 상대적으로 안전한 필라델피아로 갔다. (노예사냥꾼들은 도망친 노예들을 잡아들이고 노예제도가 없는 주에서 자유의 몸이 된 흑인들을 잡아 오는 데 소홀함이 없었다.) 그리하여 터브먼의 새로운 사명이 시작되었다. 그녀는 공감각적이고 종교적인 환영의 도움을 받아 그것이 이끄는 대로 다른 사람들을 자유로 인도하기 시작했다. 그 후 10년 동안, 터브먼은 메릴랜드주와 델라웨어Delaware주에 수 차례 은밀히 찾아가서 많은 사람을 해방시켰는데, 그 수가 300명이라고도 하고 70명이라고도 한다. 그녀의 삶에 전설과 신화가 덧씌워졌기 때문에 정확한 수는 아무도 알지 못한다. 하지만 기본적인 사실만은 분명하다. 노예들은 터브먼 덕분에 자유를 얻었고, 그녀의 부모와 형제들을 비롯한 일부는 그녀가 직접 자유롭게 만들었다. 나머지는 그녀의 지시와 그녀가 알려준 경로를 따라 안전한 집으로 탈출했다. 이뿐만 아니라 터브먼에게 자극받은 사람들도 있었다.

터브먼은 자신의 환영과 꿈 덕분에 언더그라운드 레일로

드 지도자로 크게 성공할 수 있었다고 공을 돌렸다. 그 환영과 꿈 덕분에 어느 경로를 택해야 하고 어느 경로를 피해야 하는지 그냥 '알게 되었고' 그게 그저…… 잘 맞아떨어졌다면서. 그녀는 "저는 8년 동안 언더그라운드 레일로드의 지도자였습니다. 그리고 대부분의 지도자들은 하지 못할 말을 할 수 있습니다. 저는 제 기차('언더그라운드 레일로드'는 '지하철'이라는 뜻이다―옮긴이)를 탈선시키거나 승객을 잃은 적이 한 번도 없습니다"라고 했다.

　이는 남북전쟁 전의 미국에서 결코 사소한 업적이 아니었다. 당시 미국에는 탈출한 노예들에게 걸린 거액의 포상금을 노리는 노예사냥꾼이 가득했다. 훗날 터브먼은 자신의 능력을 활용해 정보원과 정찰단으로 일하며 연방군Union Army을 도왔는데, 장교들은 그녀의 엄청난 기억력과 지리적 지식에 깊은 인상을 받았다.

　전쟁이 끝나고 터브먼은 뉴욕 업스테이트Upstate에 정착하여 새로운 남편과 농사를 지었다. 그녀는 여성 참정권을 이끈 선구자가 되었고 가난한 흑인 노인들을 위한 집을 열었다. 나이가 들어가면서 차츰 몸이 약해졌지만, 그녀의 조카가 낳은 딸에 의하면 임종하던 날에는 기력을 회복했다고 한다. 터브먼은 약간의 부축을 받아 침대에서 일어났고 음식을 배불리 먹었으며 그녀가 그토록 좋아한 올드 레이디스 홈Old Ladies' Home의 방을 여기저기 걸어 다닌 다음, 다시 침대로 돌아와 마지막 휴식에 들었다. 이 이야기는 사실 여부와 상관없이 터브먼의 특징을 잘 보여준다. 그녀는 물질이 아닌 정신을 믿었다. 그랬기에 주어진 과제가 아무리 불가능해 보여도 해야 하는 일이라면 반드시 해내겠다는 각오로 열심히 달려들었다.

해리엇 터브먼의 뇌

머리를 맞고 나서 천재가 되다
: 후천성 서번트 증후군

일부 신경학자들은 터브먼의 부상 후에 나타난 결과를 후천성 서번트 증후군 acquired savant syndrome으로 본다. 이는 뇌의 외상으로 특별한 재능이 유발되는 증상이다. 서번트 증후군 자체는 자폐증을 비롯한 선천적 소아기 신경 질환을 앓는 사람들에게 발생하며 빈도가 100만 명 중에 한 명 정도로 매우 드물다. 후천적으로 갑자기 서번트 증후군이 발생하는 경우는 더욱 드물다. 지금까지 약 50건의 사례만 기록되었다. 이는 대개 외상성 뇌 손상 이후에 발생하지만 뇌졸중 이후에 발생하기도 한다. 위스콘신 의학회Wisconsin Medical Society가 인용한, 증거가 잘 정리된 사례는 열 살 난 소년이 야구공에 맞아 의식을 잃은 뒤에 발생했다. 의식을 찾은 소년은 달라진 뇌 덕분에 몇 가지 새롭고 놀라운 능력을 갖게 되었음을 알았다. 그중 하나로, 소년은 달력과 관련된 계산을 갑자기 놀라울 정도로 쉽게, 그야말로 몇 초 안에 할 수 있게 되었다. 소년은 달력을 보지 않고도 주어진 날짜에 해당하는 요일을 빠르게 말할 수 있었다.

삶인가 전설인가?
: '역사 자료' 출처의 문제

역사적으로 상징적인 다른 여러 인물과 마찬가지로 해리엇 터브먼의 삶을 둘러싼 많은 신화가 존재하는데, 이것들의 정확성에는 의문이 있다. 아프리카계 미국인 연구 교수이자 전기 작가인 밀턴 서넷Milton Sernett은 터브먼을 '미국에서 가장 쉽게 변형되는 상징적 인물'이라고 했다. 터브먼의 기억력을 이용하려 한 사람들이 자신들의 명분에 맞게 그녀에 대한 이야기를 마음대로 바꾸는 경우가 많았기 때문이다. 예컨대 2008년 민주당 대통령 예비선거에서 어느 작가는 "자신들이 노예라는 걸 납득시킬 수 있었다면 수천 명을 구할 수 있었을 것이다"라는 터브먼의 말을 인용하면서 클린턴이 아닌 오바마를 지지하는 여성들을 비난했다. 좋은 말이지만 터브먼은 이런 말을 한 적이 없는 것 같다. 서넷은 이 말의 출처가 소설에 가까운 전기라고 생각했다.

사실과 허구를 구분하는 문제 이외에, 문맹이었던 터브먼은 자서전을 쓴 적이 없다는 것이 (진짜) 사실인데, 이 때문에 그녀의 삶을 서술한 많은 글에 무의식적이든 의식적이든 글쓴이의 편견이 묻어 있다는 문제도 있다. 이는 그녀와 같은 시대에 쓰인 글도 마찬가지다. 터브먼의 삶을 다룬 중요한 자료인 1886년 책 『해리엇 터브먼: 동족들의 모세Harriet Tubman: The Moses of

Her People』를 살펴보자. 이 책은 터브먼이 저자인 사라 브래드퍼드Sarah Bradford에게 한 이야기를 바탕으로 했다. 하지만 백인인 브래드퍼드가 터브먼의 회상 중 일부를, 특히 마지막 최종 편집본에서 이를 검열하여 삭제한 것으로 보인다. 장 후메즈Jean Humez 교수의 논문에 따르면, 브래드퍼드는 터브먼이 노예 주인을 조롱하는 대목을 삭제했다. (터브먼은 「나는 약속의 땅으로 간다네I'm Bound for the Promised Land」 같은 노래를 부르며 주인이 노래에 숨은 의미, 즉 그녀가 탈출할 것임을 알아차리지 못하리라고 확신했다.) 브래드퍼드는 좋은 의도로 삭제했을지도 모른다. 인종차별이 뚜렷하던 재건 Reconstruction 시대에 백인 독자들을 끌어들이려고 그랬을지 모르지만 독자들이 터브먼을 온전히 이해하지 못하게 했다. 브래드퍼드는 최종 편집본에서 다음 내용도 삭제했다. '터브먼은 『톰 아저씨의 오두막』 연극판에 대해 이렇게 말했다. "『톰 아저씨의 오두막』을 읽는 걸 들어본 적이 있습니다. 정말이지 저자인 스토Stowe 씨는 제가 저 멀리 남부에서 본 노예 제도가 무엇인지에 대한 설명은 시작도 안 했더군요."'

20.

벨 가족의 귀

청각장애가 발명한 전화기

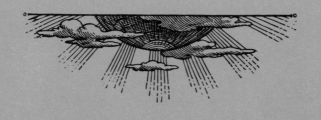

1847~1922년

　귀를 쫑긋 세우고 들을 준비를 하시라. 이제 우리는 귀에 대해, 역사가 얽힌 귀에 대해 이야기하려고 한다. 여기에서 말하는 귀는 시체의 귀는 물론이고 발명가 알렉산더 그레이엄 벨Alexander Graham Bell과 그의 아버지, 할아버지, 어머니, 아내의 귀를 비롯해 (말하기와) 듣기에 중요한 발명품인 전화기를 탄생하게 만든 모든 귀다.

　먼저 알렉산더 그레이엄 벨의 할아버지인 알렉산더 벨의 귀 이야기를 해보자. 소리를 듣는 일은 (그리고 그 소리를 재현하는 일은) 벨의 가족 사업이었다. 할아버지 알렉산더는 음성학과 웅변술을 개척한 권위자였고 특히 말하기 분야에 굉장한 열정을 가졌다. 그는 "어쩌면 조물주는 인간을 자신의 모습으로 창조함으로써 인간에 대한 존중을 드러낸 것이 아닐지도 모른다"라고 말했다. 물론 이에 격하게 이의를 제기할 사람도 있을 것이다.

할아버지 벨은 인간의 소리에 느낀 강한 매력을 (오랫동안 자신의 조수로 일한) 아들 알렉산더 멜빌 벨Alexander Melville Bell에게 전수해 주었다. 멜빌은 런던대학교University of London와 에든버러대학교University of Edinburgh에서 저명한 웅변술 전문가가 되었다. 그는 이들 대학에서 말소리를 기록하고 재현하는 쓰기 시스템인 '벨의 보이는 말하기Bell's Visible Speech'를 개발했다. 이것은 발음할 때 목구멍, 혀, 입술을 정확히 어떤 위치에 놓아야 하는지 알려주는 기호로 구성된, 정밀하고 유용해 보이는 체계였으며, 말하고 싶어 하는 청각장애인들을 위해 특별히 고안된 것이었다. 청각장애인들은 자신이 내는 소리를 들을 수 없기 때문이었다.

벨의 보이는 말하기는 당시에 점점 떠오르는 논쟁이자 오늘날까지도 지속되는 논쟁의 중요한 출발점이었다. 바로 '청각장애 어린이들에게 말하는 법을 가르쳐야 할까, 수어를 가르쳐야 할까, 아니면 둘 다 가르쳐야 할까?'라는 논쟁이다. 1800년대 초 미국은 수어를 강조하는 경향을 보였다. 1817년, 코네티컷주 웨스트 하트퍼드West Hartford에 훗날 미국 농아 학교American School for the Deaf가 된 기관이 설립되었고, 미국 수어American Sign Language, ASL가 개발되었다. 하지만 1800년대 중반에는 태도가 달라져, 청각장애인들이 수어보다는 말하기에 집중해야 한다는 개념이 부각되고 있었다. 벨 가족은 말하기와 수어를 두고 점점 격해지는 논쟁의 중심에 있었고, 그 과정에서 가족 중 한 사람이 탁월한 말하기 기계인 전화기를 발명했다.

이제 새로운 벨 가족의 귀에 대해 알아보자. 1844년, 멜빌은 엘리자 사이먼즈라는 여성과 결혼했고, 곧 그녀는 알렉산더 그레이엄 벨(맞다, 그 벨이다)을 낳았다. 벨의 어머니는 청력 검사의 피험자 역할을 함으로써 아들에게 매우 직접적으로 영향을 미쳤다. 그녀에게는 심한 청각장애가 있었고, 나팔처럼 생긴 청력 보조 장치의 불완전한 도움을 받아 일부만 들을 수 있었다. 알렉산더는 어머니가 소리를 보다 선명하게 들을 수 있도록 도울 방법을 모색하기 시작했다. 그는 피아노를 연주할 때 어머니가 귀를 피아노에 붙이고 있도록 했고, 어머니의 정수리에 대고 말하여 두개골 안에서 소리가 울리도록 했다. 이런 식으로 알렉산더는 일찍이 (먼 곳의 소리를 듣는) 전화와 관련된 이력을 쌓았다.

아버지 멜빌은 처음에는 잉글랜드에서, 그다음에는 가족과 함께 이주한 북아메리카에서 벨의 보이는 말하기를 끈질기게 홍보했다. 그의 곁에는 (신체적, 정신적으로) 함께하는 아들이자 자기 힘으로 웅변술 전문가의 자격을 훌륭하게 갖춘 아들 알렉산더가 있었다. 아버지와 아들 둘 다 청각장애인을 대상으로 한 수어보다 말하기를 통한 의사소통에 찬성하는 입장이 명확했다.

한편, 청각장애인들의 의사소통법을 둘러싼 논쟁은 점점 커졌고 그 과정에서 추악한 일들도 생겼다. 비영어권 지역에서 전례 없이 많은 이민자가 미국으로 몰려들자 일부 사람들은 동화assimilation에 집착했다. 동화를 주장하는 사람들은 수어가 몸짓과 손짓을 바탕으로 한 언어이기 때문에 사실상 영어가 아니라고 보았다. 그래서 수어가 '미국적이지 않기' 때문에 사라져야 한다고 생각했다. 그러자 실제로 미국 수어는 청각장애인 단체가 계속 선호하는데도 불구하고 (일시적으로) 약간 쇠퇴하기 시작했다. 가끔은 심한 독설이 오가기도 했다. 이 논쟁에서 청각장애가 대물림된다는, 그래서 청각장애인이 청각장애인을 낳게 된다는 우려가 대두되었는데 이는 우생학적 오점이었다. 미국 수어에 반대하는 추악한 개념이 주장하는 바는 분명했다. '우월한' 사람은 말을 한다는 것이었다.

아들 알렉산더는 스스로 주장한 바를 정확히 행동으로 옮겼다. 그는 보스턴으로 가서 청각장애인들에게 웅변술을 가르치기 시작했는데, 그중에는 부유하고 젊은 청각장애 학생 메이블 허바드도 있었다. 허바드의 아버지는 딸 메이블 때문에 마음이 움직여 구두 의사소통을 장려하는 최초의 청각장애인 학교에 재정을 후원했다. 다섯 살 때 성홍열을 앓고 귀가 완전히 들리지 않게 된 메이블은 영어뿐만 아니라 몇 가지 언어를 독순술로 이해하고 유창하게 말하는 법을 배웠다. 벨은 이 자신감 넘치고 똑똑한 젊은 여성에게 홀딱 반했지만 메이블은 처음에는 그의 마음을 받아주지 않았다. 그녀는 벨이 흥미롭다고 생각했지만 그가 유행을 따라 비싸고 광택이 나는 끔찍한 모자를 쓴다고, 그 모자 때문에 새까만 그의 머리카락이 더 번쩍거린다고 하면서, 그가 신사인지 확신이 들지 않는다고 했다. 그럼에도 불구하고 두 사람은 결혼했다. 메이블 벨은 알렉산더의 성공과 전화 통신의 개발에 크게 기여했다.

청각장애인들에게 말하기를 가르치지 않을 때면 벨은 예전에 제작한 '포노토그래프phonautograph'를 바탕으로 소리를 실험했다. 이것은 전기 자극을 통해 소리를 시각적 기록으로 옮기는 장치였다. 벨은 죽은 사람의 귀를 (그리고 두개골 일부를) 활용하여 독특하면서도 다소 섬뜩한 '죽은 사람의 귀를 이용한 포노토그래프'를 만들었다. 그는 귀에 녹음용 스타일러스를 부착했다. 소리를 만나면 귀의 뼈가 진동했고 (빨대로 만든) 스타일러스가 코팅된 유리판에 패턴을 그대로 그렸다. 벨의 초창기 아이디어는 여러분이 생각하는 것과 달랐다. 들을 수 있는 사람이 아니라 청각장애인을 염두에 두었기 때문이다. 벨은 청각장애인들에게 도움이 되도록 말을 시각화하는 기계를 만들고 싶어 했다. 말하자면 **전자식**으로 만들어진 '벨의 보이는 말하기'인 셈이다.

벨이 "특정한 소리가 만들어지는 동안 공기의 밀도에 발생하는 것과 정확하게 똑같이 전류의 강도를 변하게 만들 수만 있다면 모든 종류의 소리를 전송할 수 있을 것이다"라는 사실을 깨닫자 그의 아이디어는 빠르게 보편화되었다. 음, 그러니까 전자식 벨의 보이는 말하기는 모든 소리의 움직임을 사람의 입이 아니라 전기로 재현했고, 소리를 유리판이 아니라 공기 중으로…… 그리고 (정상적으로 들을 수 있는) 청자의 귀로 보냈다.

벨이 중요한 뭔가를 알아낸 것은 분명했다. 1876년, 그는 직접 만든 '전자식 말하기 기계'의 특허를 받았는데, 다행히 이 기계는 죽은 사람의 귀를 사용하지 않았고 곧 훨씬 더 듣기 좋은 이름인 '텔레폰(전화기)'으로 불렸다.

(벨이 조수에게) 전화기로 한 말 중 알아들을 수 있었던 최초의 말은, "왓슨 씨 ─ 이리 오세요 ─ 좀 봅시다"였다. 이제는 널리 알려진 이 말은 다소 어눌했지만 어쨌든 그들은 전화 통화를 해냈다. (얼마 후에 벨은 약 6㎞ 떨어진 곳으로 최초의 장거리 전화를 걸었다.) 그 후에 메이블 벨이 중요한 역할을 했다. 알렉산더는 1876년에 필라델피아에서 열린 미국 100주년 박람회US Centennial Exposition에 가서 굳이 전화기를 시연하고 싶어 하지 않았다. 그 이유 중 하나는, 채점해야 할 말하기 수업 학생들의 과제물이 너무 많았다는 것이다. 하지만 메이블은 그런 핑계를 받아들이지 않았다. 그녀는 박람회에 가야 한다고 알렉산더를 설득하면서 짐을 챙겨 기차역으로 내보냈다. 알렉산더는 싫다고 했지만 메이블이 고집을 부렸다. 그리고 여기에서도 먼 곳의 소리를 듣지 못하는 청각장애가 도움이 되었다. 메이블은 그의 입술을 읽을 수 없었기 때문에 그의 불평을 그야말로 들을 수 없었다. 그래서 알렉산더는 고분고분 떠났다.

그 뒷이야기는 모두 알고 있는 바와 같다. 벨은 전기 장치 분야에서 금메달을 땄고 국제적인 명성을 얻었다. 그리고 메이블의 부유한 아버지를 비롯한 투자자들과 함께 벨 전화 회사Bell Telephone Company를 설립했고 메이블에게 사업상 실용적인 도움을 많이 받았으나 지금 그녀의 이름은 세상에 알려지지 않았다. 처음에는 힘겨웠다. 선견지명이 있다는 거물급 사업가들조차 대부분 장거리 의사소통을 할 수 있는 실용적인 수단은 오직 전보뿐이라고 생각했다. 벨 가족은 그렇지 않다고 그들을 설득해야 했다.

벨은 소리를 계속 연구했다. 그는 청력 측정기를 발명했고 세상에는 청력을 측정할 수 있는 최초의 수단이 생겼다. 또한 소리의 수준을 측정하는 단위로 **데시벨**decibel이라는 새로운 단어를 만들었다. ('벨'은 자신의 이름에서 따왔다.) 햇빛을 소리로 바꾸는 방법을 개발하여 광선 전화photophone를 만들기도 했다. 그는 실험에 성공하자 아버지에게 "햇살의 소리를 들었습니다"라고 편지를 썼는데, 이는 무선 통신과 광섬유의 탄생을 알리는 신호탄이었다.

논란:
누가 정말 전화기를 발명했을까?

당연히 안토니오 메우치Antonio Meucci다. 적어도 그에게 '공식적인 전화기 발명가'라는 절대적인 호칭을 부여한 이탈리아 정부에 따르면 그렇다.

메우치는 1834년에 (선박의 통화관 같은) 무대용 음향 송수신기를 최초로 개발했다. 그리고 뉴욕으로 이주한 뒤에는 전류를 변경하여 소리를 복제하는 개념을 연구하기 시작했다. 1871년, 메우치는 (일종의 예비 특허인) '특허 예고'를 신청했으나 돈 문제로 더는 진행하지 못한 듯하다. 절망적이게도, 그는 자신의 발명품을 뉴욕의 이탈리아 신문 『레코 디탈리아L'Eco d'Italia』에 설명했다고 주장했지만, 당시에 발행된 해당 신문은 모두 분실되었다.

훗날 벨이 전화기 발명에 성공한 뒤에 메우치는 벨의 회사를 상대로 소송을 제기했다. 이 사건은 대법원까지 갔지만 결국 기각되었다. 메우치만 소송을 제기한 것은 아니었다. 벨 부부는 사업 초창기에 엄청나게 많은 소송에 휘말렸는데, 이를 통해 대부분의 일들이 그렇듯이 시기만 맞아떨어지면 많은 사람이 똑같은 생각을 한다는 것을 알 수 있다.

벨과 우생학:
수어, 청각장애, 유전

1800년대 말과 1900년대 초에는 인간의 선택적 번식을 옹호하는 우생학 사조의 어두운 그림자가 드리워져 있었는데, 벨은 이 위험한 개념을 열렬히 지지했다. 그의 말을 그대로 인용하자면, 그는 '국가의 퇴화가 아니라 미국에서 더 뛰어나고 고귀한 유형의 인간이 진화하기'를 바랐다. 또한 '바람직하지 못한 민족 분자들'이 미국에 유입되는 것을 걱정하며 이민 제한을 옹호했다. 안타깝게도 이런 생각을 하는 사람이 벨 혼자는 아니었으며 이는 청각장애에 대한 그의 생각에도 녹아들었다. 1884년, 벨은 「청각장애인이라는 변종 인류의 형성에 대하여Upon the Formation of a Deaf Variety of the Human Race」라는 글에서 청각장애인 간의 결혼을 금지해야 한다고 주장했는데, 특히 수어를 금지하여 청각장애인끼리 배타적인 관계를 맺지 못하도록 해야 한다고 했다. 그는 청각장애인들에게 말하기와 독순술을 가르쳐 그들을 일반인이라는 주류에 편입해야 한다고 강하게 주장했다. 물론, 수어 옹호자들은 이 문제에 대해 벨에게 거세게 이의를 제기했다.

구두 언어와 수어 사이의 싸움은 형태를 바꾸어 오늘날까지 지속되고 있다.

수어 옹호자들은 언어 능력을 조기 습득하는 것이 인지 발달에 반드시 필요하며 수어는 청각장애 아동에게 자연스러운 출발점이라고, '구두 언어'는 청력 손상 정도가 가볍거나 보통인 사람들에게만 효과가 있다고 주장한다. 반면 구두 언어 옹호자들은 수어에만 의존하면 청각장애인들이 일반 사회에서 격리된다고 주장한다. 이 논쟁은 상당히 치열해질 수 있다.

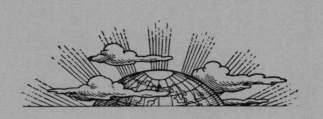

21.

카이저 빌헬름의 팔

난산이 불러온 1차 세계대전

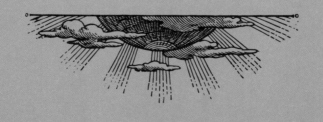

1859~1941년

제1차 세계대전이 한 남자의 팔 때문에 벌어졌다고 할 수 있을까? 아마도 일부는 그렇다고 할 수 있을 것이다.

여기에서 말하는 팔은 부분적으로 마비되었을 뿐만 아니라 짧기까지 했고, 팔 주인인 독일의 카이저 빌헬름Kaiser Wilhelm 에게는 엄청난 고통의 원인이었다. 빌헬름은 이를 보완하기 위해 (경우에 따라서는 보완이 과했다) 승마나 군 입대처럼 남자다움을 과시하는 활동에 적극적으로 뛰어들어 매우 남성적인 이미지를 구축했다. 문제는, 이런 시도에도 그가 군 생활을 그다지 잘하지는 못했다는 것이다. 독일군 참모들은 '군사 세명을 이끌고 시궁창도 넘지 못할 것'이라고 말하며 그를 조롱했다. 하지만 빌헬름은 군을 이끄는 데, 아니 적어도 이끄는 것을 돕는 데 성공했고 유럽을 제1차 세계대전이라는 시궁창으로 몰아넣었다.

빌헬름은 머리가 아니라 엉덩이부터 나오는 '골반위분만

breech birth'이라는 난산으로 불운하게 태어났다. 이렇게 뒤집힌 채 세상에 나온 것은 그의 미래를 아주 잘 상징했다. 그때까지 만 해도, 빌헬름에게 유럽의 평화와 친선을 좌우할 힘이 주어 지기를 바라는 왕실 부모의 입장에서만큼은 모든 상황이 괜찮아 보였다. 빌헬름은 (훗날 프리드리히 3세가 된) 프리드리히 빌헬름 황태자Crown Prince Friedrich Wilhelm와 (훗날 왕비가 되었고) 영국 빅토리아 여왕의 딸인 독일의 프린세스 로열 빅토리아Princess Royal, Victoria 사이에서 태어난 후계자였다. 이 독일과 영국 간의 결혼은 두 왕가가 원하는 것, 즉 프로이센식 군국주의의 종식과 영국식의 새롭고 자유로운 독일의 실현을 상징했다. 이들의 아들은 유럽에서 가장 강력하게 떠오르는 두 국가 간의 결합을 상징했다. 하지만 거꾸로 태어난 것부터 그들의 바람대로 되지 않았다.

흥미롭게도, 빌헬름의 사회적 지위가 높지 않았다면 이렇게 거꾸로 태어날 일이 없었을지도 모른다. 일부 전해지는 이야기에 따르면, 왕족인 어머니의 출산을 진행한 산부인과 의사들은 그녀의 '은밀한 부위'를 노출시키는 일을 금지당했다. 맙소사, 금지라니. 의사들은 프린세스 로열의 풍성한 치맛자락 아래로 손을 깊이 넣어 처치를 했을 것으로 추정되는데, 당연히 이 때문에 일이 약간 어려워졌다. 설상가상으로 잉글랜드의 빅토리아 여왕이 본국인 영국의 의사가 독일 의사와 함께 출산에 참여해야 한다고 고집을 부렸다. 이는 문제가 있는 결정이었다. 제임스 클라크 경은 나이가 많았고 산부인과가 아니라 기후와 건강 전문가였기 때문이다. (이뿐만 아니라 그는 무자격자로 추정되었다. 일부 이야기에 따르면 그는 미혼이었던 플로라 헤이스팅스 양Lady Flora Hastings에게 임신을 진단한 적이 있는데, 알고 보니 복부에 악성 종양이 생긴 것이었다고 한다.)

빌헬름은 산소 부족으로 파랗게 질린 채 태어났고 힘없고 짧은 왼팔로 목을 감고 있었다. 분만 중 치마 밑으로 겸자를 사용하는 바람에 어깨 신경이 손상된 것으로 보이는데, 이는 이른바 '에르브 마비Erb's palsy'라고 알려진 상완신경총 손상이었다. 최근에 제기된 또 다른 이론에서는 빌헬름이 자궁 내 성장 제한을 겪었다고 추측하기도 한다. 의사들은 갓 태어난 미래의 카이저가 숨을 쉴 수 있도록 열심히 문질러야 했는데, 일부에서는 이 때문에 빌헬름이 뇌 손상을 입었다고 주장한다. 빌헬름은 똑똑했지만 대체로 성격이 까다로웠다. 짜증을 잘 냈고 유모를 물어뜯기도 했으며 자기 방식을 고집했다. 그가 난산으로 태어난 원인이 무엇이든 간에 빌헬름 스스로는 확신했다. 그는 "영국 의사가 내 팔을 불구로 만들었다"고 말했다. 그리하여 팔과의, 그리고 영국과 관련된 온갖 것들과의 복잡하고 분노에 찬 관계가 시작되었다.

빌헬름의 부모는 '완벽한' 왕자를 원했고, 그가 원하든 원하지 않든 빌헬름을 그런 왕자로 만들려고 했다. 당시는 왕족들에게 새로운 시대였다. 유럽 전역에서 젊은 왕족들은 자유롭고 절제된 '과학적인' 중산층의 가치에 따라 교육받고 있었다. 민족주의의 감정을 자극하는 측면을 피하고 전쟁을 저지하는 한 유럽과 유럽 왕가의 미래는 밝아 보였다. 과학적 원리에 따른 의학도 떠오르고 있었는데, 이는 때로 잘못된 쪽으로 향했다. 잉글랜드 빅토리아 여왕은 최고의 골상학자(머리의 혹과 두상을 '과학적으로' 읽어내는 사람)에게 자녀들을 검사해 달라고 했다. 골상학자는 훗날 에드워드 7세 Edward VII가 된 그녀의 아들에 대해 '지능이 낮고 정신 이상이 있다'고 진단했고, 자식을 그다지 애지중지하지 않았던 빅토리아 여왕도 아들의 '뇌가 작고 비었다'고 말하며 동조했다.

이와 유사한 맥락에서 빌헬름은 성인도 비명을 지르게 만드는 '과학적인' 팔 강화 요법을 받았는데, 이로써 그가 전쟁을 일으킨 이유 중 적어도 일부는 설명이 될지도 모르겠다. 의사들은 걸음마를 시작한 빌헬름의 팔에 매일 강력한 전기 자극을 가했다. 나중에는 '상태가 좋은' 빌헬름의 오른팔마저 옆구리에 묶어서 그가 힘없고 짧은 왼쪽 팔을 쓸 수밖에 없도록 하는 바람에 균형을 잡고 걷기가 어려워졌고 무릎 관절 탈구까지 이르게 되었다. 네 살 무렵에 빌헬름은 등을 곧게 펴주는 금속 막대와 머리 자세를 바꿔주는 나사가 달린 특수 의자에 묶이기까지 했다. 더 끔찍한 것은, 그가 B급 괴물 영화에서 튀어나온 듯한 다소 소름 끼치는 치료를 일주일에 두 번씩 받아야 했다는 사실이다. 갓 죽인 토끼의 사체를 30분 동안 팔에 감고 있어서 (이론상으로는) 죽은 지 얼마 안 된 동물의 생명력을 그에게 옮기는 치료법이었다.

이 중 그 무엇도 효과가 없었고, '적절하게' 자유로운 영국식 가치를 심어주려 했던 부모의 시도 역시 효과가 없었다. 하지만 빌헬름의 부모는 계속 노력했는데, 독일의 미래가 걱정된다는 이유로 너무 심하게 밀어붙인 듯도 하다. 빌헬름이 10대일 때, 독일의 위대한 수상 오토 폰 비스마르크Otto von Bismarck가 독일 대부분 지역을 프로이센으로 통일하는 데 성공했다. 이는 대부분 군사력으로 이룬 성과였고 1870년에 프랑스와 벌인 단기간의 전쟁도 마찬가지였다. 그런데 (비스마르크가 승리하고 나자 빌헬름의 부모는 물론이고) 비스마르크조차 이 모든 것이 멈추기를 바랐다.

빌헬름의 부모는 빌헬름이 그 일을 해주기를 원했다. 그들은 신에게서 신체적으로 완벽한 표본을 받지 못했으니 완벽하게 자유로운 지식인을 만들고자 했다. 하지만 빌헬름은 다른 면에서는 전혀 자유롭지 않은, 자유주의식 교육 과정을 강요당했다. 그는 일주일에 6일 동안 아침 6시부터 저녁 6시까지 문헌학자 게오르그 에른스트 힌츠페터George Ernst Hinzpeter에게서 하루에 12시간씩 수업을 들었다. [빌헬름은 힌츠페터를 **쇼이잘(괴물)**이라고 부르기도 했다.]

이런 방식은 빌헬름을 완벽한 영국식 자유주의자로 만드는 데 도움이 되지 않았을 뿐만 아니라 부모를 기쁘게 해주지도 못했다. 그리고 또 다른 문제도 있었는데, 구체적으로는 그의 어머니와의 문제였다. 들리는 바에 따르면, 빌헬름은 영국인 어머니의 손에 (당혹스럽게도) 묘한 성적 환상을 품고 있었는데, 어머니에게 다소 관능적인 편지까지 보냈다. 어머니는 이 편지를 읽고 빌헬름의 문법을 지적하는 냉정한 답장을 보냈다고 한다. 추측건대 영국인 어머니의 지나치게 완강한 태도 때문에 영국적인 것을 대하는 빌헬름의 태도가 나아지지 않은 것 같다.

본대학교University of Bonn에 입학했을 무렵, 빌헬름은 본질적으로 완전한 독일 군국주의자였다. 그는 민간인의 옷 대신 군복을 입었는데 나중에는 군복을 120벌이나 갖게 되었다. (그는 짧은 왼팔을 감추기 위해 옷에 주머니를 높이 달았다. 군복을 입은 빌헬름의 사진을 보면, 그는 주로 작은 왼손에 장갑을 끼고 칼 위에 얹는 방식으로 왼팔을 가렸다. 빌헬름은 자기 팔을 있는 그대로 보여 주는 사진을 모두 없앴다.) 그는 꾸준한 훈련 끝에 말을 잘 타게 되었고, 학교를 벗어나 군 복무를 열심히 함으로써 주변의 모든 사람에게 명령과 생각을 큰 소리로 외치는 무자비한 성격을 지니게 되었다. 하지만 군 부관들에 따르면, 빌헬름의 태도에는 '자기 절제력'이라는 중요한 요소가 빠져 있었다.

빌헬름은 지식을 빨리 습득하는 능력을 제외하면 왕가의 덕목을 거의 갖추지 못한 채 왕위를 계승했다. 그는 영국인 사촌들을 괴롭히기 바빴다. 한번은 런던에 간 그가 화가 나서 "너희 영국인들은 미쳤어. 정말이지 3월 토끼처럼 제대로 미쳤어"라고 말하기도 했다. (이에 영국의 솔즈버리 경Lord Salisbury은 '그다지 정상적이지 않다'라는 절제된 영국식 표현으로 빌헬름을 묘사했다.) 빌헬름은 할 수 있는 한 모든 곳에서 영국을 도발하기 시작했다. 바다에서는 해군을 증강했고 육지에서는 영국의 제국에 맞설 식민지를 늘렸다. 이뿐만 아니라 빌헬름은 과대 망상증 경향이 심해져서 다음과 같은 글까지 썼다. "세계 다른 곳의 가장 먼 정글 깊숙한 곳에 사는 사람들도 모두 독일 카이 저의 목소리를 알아야 한다. 그의 목소리를 먼저 듣지 않고서 는 이 세상에 어떤 일도 일어나서는 안 된다."

당연히 유럽 사람들은 그의 목소리를 들었다…… 잘못 된 말을 하는 목소리를. 어쩌면 독설가 빌헬름에게 다른 유럽 지도자들을 모욕하고 그들의 신체적 특징을 찾아내서 공격 하는 특별한 재능이 있었다고 말할 수 있을지도 모르겠다. 그 는 키가 작은 이탈리아 왕을 공개적으로 '난쟁이'라고 불렀고 불가리아 차르의 코에 대해 공공연히 무례한 발언을 하며 그 가 자웅동체라는 헛소문을 퍼뜨렸으며 러시아 차르 니콜라이 Nicholas를 '멍청이'라고 불렀다. 빌헬름이 부모의 바람대로 평 화의 화신이 아니었음은 분명했다.

설상가상으로, 네트워크에 열광하던 시대정신에 발맞추 어, 빌헬름은 유럽 전역을 교차하며 복잡하게 얽힌 동맹과 반 동맹 연결망에 독일이 깊이 휘말리게 만들었고 결국 제1차 세 계대전을 일으켰다. 이론적으로는 이러한 동맹이 안전을 증진 했다. 오스트리아-헝가리 제국이 더 강력한 독일과 동맹을 맺 으면 누가 감히 이들과 전쟁을 일으키겠는가? 하지만 이에 대 한 대답은 우리 모두 알고 있다. 오스트리아-헝가리 제국의 페 르디난트 대공Archduke Ferdinand이 암살당하자 사실상 유럽의 모든 국가가 들고 일어났다. 많은 불량배가 그렇듯이, 싸움을 좋아하는 빌헬름이지만 막상 전쟁이 불가피해 보이자 전쟁을 선포하는 문서에 서명하기를 꺼렸다. 그는 (자신의 건강한 팔로) 훈장을 수여하는 것 이외에는 실제 전쟁에 거의 참여하지 않았고, 패배한 뒤에는 퇴위하고 네덜란드로 달아나 망명했다.

아이러니하게도, 빌헬름에게 상당한 고통을 주고 그로 인해 정치적으로 호전적인 성격까지 띠게 한 원인, 즉 그의 팔을 힘없고 짧게 만든 신경 손상의 원인을 보다 효과적으로 치료할 수 있는 방법은 그로부터 시작된 바로 그 전쟁 기간에 발전했다. 제1차 세계대전 동안 전체 부상 중 말초 신경 부상이 2%에 달했기 때문에 의사들은 이에 대한 새로운 치료법을 성공적으로 실험할 수 있었다. 카이저 빌헬름에게도 세계에도 조금 늦은 감이 있지만.

카이저 빌헬름의 팔

미래를 알리는 징후

전쟁이 끝나자 이제는 과거의 카이저가 된 빌헬름을 정신이상자나 비정상적인 전쟁광으로 진단하는 것이 정신의학이라는 새로운 과학 분야를 담당하는 사람들 사이에서 큰 관심거리가 되었다. 의사이자 작가인 에른스트 뮐러Ernst Müller는 1927년에 빌헬름에 대한 중요한 연구를 한 뒤에 그가 "혈통은 좋지만 정신병과 신경쇠약으로 퇴보했다"라고 진단했다. 그리고 전쟁에서 이길 만한 지도자가 아니라고 했다. 하지만 뮐러에게는 이 문제에 대한 해법이 있었다. 그는 독일에 무자비하고 독재적인 성향을 지닌, 귀족이 아닌 지도자가 필요하다면서 '머리숱이 많지 않은 금발에 눈동자가 파랗고 똑똑하고 고결한 정서를 지녔으며 몸이 호리호리하고 자신감이 넘치고 걸음걸이가 절도 있고 우아한 남자'를 예로 들었다. 뮐러는 몇 년 뒤에 이러한 바람을 상당 부분 이루었다. 안타깝게도 관상학적 측면에서 히틀러Hitler가 이 이상한 아리아인의 이상에 결코 부합하지는 않았지만.

카이저와
아인슈타인의 관계

빌헬름은 과학에 관심이 있었던 덕분에 적어도 한 가지 긍정적인 성과는 남겼다. 그의 재임 시기에 카이저 빌헬름 물리학회Kaiser-Wilhelm-Institut für Physik가 설립되었다. (훗날 이 기관은 고에너지 물리학과 천체 입자 물리학을 전문으로 연구하는 막스 플랑크 물리학 연구소Max Planck Institute for Physics, MPP로 알려지게 되었다.) 이 기관의 초대 회장이 누구였을까? 전도가 유망하지만 그때까지는 상대적으로 덜 알려진, 알베르트 아인슈타인Albert Einstein이라는 이름의 젊은 물리학자였다.

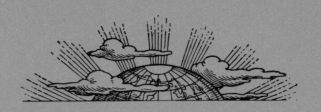

22.

메리 맬런의 쓸개

몸에서 바이러스가 나오는 사람

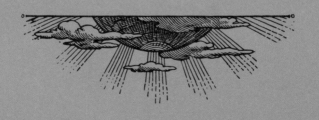

1869~1938년

보잘것없는 쓸개를 불쌍히 여기라. 쓸개는 역사적으로 별로 두각을 나타내지 못했다. 기본적으로 쓸개는 간 아래에 있는, 거슬리지 않는 작은 주머니로 지방(지질) 소화를 돕는 초록색 담즙을 저장한다. 생명 유지에 필수적인 장기도 아니다. 쓸개를 제거해도 잘 지낼 수 있을 것이다. 그리고 실제로 의사들은 누가 봐도 건강했던 메리 맬런Mary Mallon의 쓸개를 제거하고 싶어 했다. 다소 부당하다고 생각할지 모르겠으나 그녀는 '장티푸스 메리Typhoid Mary'로 세상에 더 잘 알려졌다.

메리 맬런과 (장티푸스균이 은밀하게 숨어 있었던) 그녀의 악명 높은 쓸개는 질병의 발생을 연구하는 과학 분야인 현대 전염병학에서 중요한 시작점을 나타낸다: 맬런은 최초의 무증상 장티푸스 보균자였는데, 실제로도 장티푸스는 과학적으로 확인되고 연구된 최초의 질병이기도 했다. 그리하여 그녀는 우리가 오늘날에도 직면하고 있는 의문을 제기하는 데 도움을 주었다. '전염병을 어떤 식으로 제한해야 하며 특히 무증상 보균자들을 어떻게 다루어야 하는가?', '개인의 권리와 집단의 권리 간의 균형을 어떻게 맞출 것인가?' 같은 의문들이다. 모두 좋은 질문이다. 그리고 엄청난 논란이 되었다.

맬런은 1869년에 아일랜드에서 태어났다. 열다섯 살에 미국으로 이주하여 하인으로 일했는데, 처음에는 집안일을 담당하다가 나중에는 요리를 맡게 되었다. 요리 솜씨가 점점 알려지자 그녀는 한 달에 45달러라는 괜찮은 월급을 받았다. 1906년 8월 4일, 맬런은 부유한 은행가 찰스 헨리 워런의 부름을 받고 멋진 여름 별장에서 요리하기 위해 뉴욕 롱아일랜드Long Island의 호화로운 마을 오이스터 베이Oyster Bay로 가는 열차에 올랐다. 그리고 바로 그곳에서 모든 것이 달라졌다.

8월 24일, 워런의 어린 딸이 열과 경련에 시달리며 앓았다. 진단명은 무시무시한 장티푸스였다. (항생제가 없었던 당시에는 장티푸스에 감염된 사람들 중 약 10%가 사망했다.) 곧 워런의 아내도 아프기 시작했고 다음에는 하인 둘과 정원사와 워런의 다른 딸이 아파했으며 9월 3일에는 별장에 있던 11명 중 총 6명이 병을 앓았다. 그리고 병이 처음 발생한 지 3주 뒤에 맬런은 예고도 없이 집을 떠났다.

워런 가족뿐만 아니라 그들에게 별장을 빌려준 주인도 깊은 근심에 빠졌다. 장티푸스는 일반적으로 근사한 여름 별장에 머무르기 위해 큰돈을 지불하는 부자들이 아니라 지저분한 빈민가나 불결함과 연관되어 있었다. 위생 공학자 조지 소퍼

메리 맬런의 쓸개

는 재빨리 조사에 착수했다. 그는 오이스터 베이의 별장에는 아무 문제가 없고…… 맬런에게 뭔가 있다는 사실을 알아냈다. 그녀가 일한 기록이 뭔가를 암시했는데, 그녀가 일자리를 옮기는 곳마다 장티푸스가 발생했다. 이번 경우와 마찬가지로 일반적으로 장티푸스에 걸릴 만한 사람들이 아니라 매우 부유한 뉴요커들에게 병이 생겼다.

조지 소퍼는 지금 우리가 '접촉자 추적'이라고 알고 있는 중요한 질병 통제 규약을 최초로 수행했다. 소퍼는 다음과 같은 글을 남겼다.

> 장티푸스의 전파를 둘러싼 수수께끼를 상당 부분 밝혀내고, 질병이 발생했을 때 그 상황을 적절히 설명할 수 있는 것은 사물이 아니라 사람인 경우가 대부분이라는 사실에 주의를 환기한 것은 메리 맬런의 운명이 아니었을까.

당시 세계는 장티푸스 같은 질병을 통제할 방법을 이해하는 과정에서 혁명적인 변화의 진통을 겪고 있었다. 장티푸스와 함께 콜레라, 소아마비, 황열병이 여전히 주기적으로 도시 사람들을 휩쓸고 지나갔다. 이에 맞서기 위해 정교한 공중 보건 계획을 새로 수립하여 시행했지만 쓰레기 처리, 하수 시스템 개선, 상수도 정화 등 여전히 청결과 위생만 강조했다. 물론 환경이 깨끗해지면 질병이 감소하는 것은 분명하다. 특히 상수도를 정화함으로써 장티푸스 발병이 획기적으로 줄었다.

(1913년까지 장티푸스 발생률은 절반이 넘게 감소했다. 비록 장티푸스가 여러 차례 발생하고 나서야 돈에 인색한 도시 지도자들이 조치를 취하도록 설득할 수 있었지만.) 하지만 위생만으로는 충분하지 않았다. 오이스터 베이 같은 '깨끗한' 곳에서도 전염병이 산발적으로 발생했기 때문이다.

메리 맬런 같은 무증상 보균자가 걸어 다니고 사람들과 이야기를 나누고 요리한다고 생각해 보자. 누가 봐도 건강해 보이지만…… 해로운 균을 여기저기 퍼뜨리면서. 이와 같은 무증상 보균자라는 개념이 당시 과학자들에게 알려지지 않기는 했으나 시대가 변하고 있던 이때에도 무증상 보균자에 대해 말하는 사람이 없었다. 세균 이론에서는 질병을 통제할 때 '불결함이 문제다'라는 불완전한 개념이 이미 우위를 차지하고 있었다. 장티푸스에 대해 구체적으로 말하자면, 과학자들은 1880년대에 이 병을 일으키는 살모넬라 타이피균Salmonella typhi이라는 성가시고 하찮은 미생물을 발견했다. 따라서 메리 맬런 사건이 일어난 때에는 증상이 없는 사람일지라도 배설물을 현미경으로 검사하여 실제 보균자를 찾아내는 정도는 할 수 있었다.

맬런의 행방을 추적한 끝에 그녀가 파크 애비뉴Park Avenue의 고급 주택에서 요리사로 일한다는 사실을 알아낸 조지 소퍼는 바로 검사를 해봐야겠다고 생각했다. 그녀가 일하는 집의 하인과 주인의 딸이 최근에 감염된 것은 우연이 아니었다. 소퍼는 수완이 좋은 사람이 아니었던 것 같지만 나름대로 '최

메리 맬런의 솔개

대한 요령을 발휘'했다고 주장했다. 하지만 모르는 여자에게 다짜고짜 대변 견본을 요구해서는 안 될 노릇이다. 맬런은 약간…… 부정적인 반응을 보였다. 더 정확하게는, 소퍼는 "그는 조리용 대형 포크를 들고 나를 향해 돌진했다. 피할 수 있어서 운이 좋았다"라고 말했다.

얼마 후, 소퍼는 뉴욕시 보건부New York City Health Department 공무원에게 협조를 요청했고, 제복을 입은 경찰관 다섯 명의 도움을 받아 발길질하며 울부짖는 맬런을 마침내 집에서 끌어 냈다. 맬런은 장티푸스에 감염된 적이 없다고 계속 우겼지만 강제로 시행한 분변 검사 결과는 달랐다. 실제로 그녀는 무시 무시한 질병의 보균자였다.

이제 맬런은 자신의 의지와 다르게 전염병학이라는 새로 운 과학에 두 번째로 기여하게 되었다. 그녀를 통해 무증상 전 파가 발생 가능하다는 점은 이미 입증되었으나 새로운 의문이 생겼다. 보균자를 어떻게 처분해야 할까? 뉴욕 공중 보건 당국 은 강제 격리라는 과감한 답을 내놓았다. 맬런은 이스트 리버 East River 섬에 있는 리버사이드 병원Riverside Hospital 근처의 '고립 된 오두막'에 격리되었다. 그녀는 자신이 보균자라는 사실을 계속 부인했지만 어쩔 수 없이 집 안에만 있어야 했다. (일부 설명에 따르면 사실 맬런이 자신에게 세균이 없다는 사실을 '증명 하려고' 남자친구에게 배설물을 요구해 몰래 바꾸려 했다고 한다. 어쨌든 남자친구 좋다는 게 뭔가?)

이 경우, 희생자를 처벌한 것이 아닐까? 뉴욕 보건 당국은

271

아니라고, 질병을 통제해야 했을 뿐이라고 주장했다. 하지만 장티푸스에 감염되었다가 회복한 전체 환자 중 3%가 넘는 수가 무증상 보균자로 밝혀졌다. 그들 모두 영원히 격리할 것인가? 그렇지는 않았다. 1910년, 새로운 보건 국장은 맬런이 다시는 요리하지 않겠다고 약속한다면 격리를 해제하기로 결정했다. 하지만 그녀는 시에서 제안한 일을 수락하지 않고 별안간 다시 사라졌다. 소퍼와 뉴욕의 유명 내과 의사 사라 조세핀 베이커 박사는 맬런이 뉴욕의 슬로운 산부인과Sloane Maternity Hospital 산과 병동에서 가명으로 요리하고 있다는 사실을 알아냈다. 맬런이 그곳에서 일한 지 3개월 만에 스물다섯 명이 장티푸스에 걸렸고 그중 두 명은 사망했다. 「소화기병학 학회지Annals of Gastroenterology」의 연구에 따르면, 최종적으로 맬런 때문에 장티푸스에 감염된 사람은 도시 전역에서 3000명이 넘을 것으로 추정된다. 메리 맬런은 다시 고립된 오두막에 격리되었다.

이제 무엇을 해야 할까? 맬런은 널리 알려진 치료제인 헥사메틸렌다이아민을 비롯해 수많은 해결책을 제안받았다. (이 치료제는 2020년에 다른 질병의 치료제로 널리 알려진 어느 약과 마찬가지로 의구심을 불러일으켰고, 역시나 효과가 없었다.) 다음으로 의사들은 쓸개 제거를 제안했다. 어떤 이유에서인지 무증상 보균자들의 쓸개는 장티푸스 박테리아가 숨기 좋아하는 곳이었다. 쓸개는 박테리아가 가득한 쓸개즙을 장으로 배출했고 박테리아는 장에서 대변으로 간 다음 손으로, 다시 거기에서 음식으로 옮겨갔다. (사실, 워런 가족의 사례에서 소퍼는 맬런의 특제 후식인 자른 복숭아를 곁들인 아이스크림을 주범으로 의심했다. 조리를 하면 박테리아가 파괴되지만 복숭아는 조리되지 않았고 안타깝게도 맬런은 손을 잘 씻지 않았던 것으로 보인다.)

맬런은 쓸개 제거에 격하게 반대했는데, 항생제가 발명되기 전에 몸에 칼을 대는 수술을 받았을 때의 높은 사망률을 감안하면 부당한 거부는 아니었다. 그녀는 다시 격리되었고 남은 인생을 계속 고립된 상태로 살았다. 그러면서 자신이 처한 상황을 부자들 탓으로 돌렸다. "그들은 과시하기를 원한다. 그들은 부자들을 보호하여 공을 인정받고 싶어 하고 나는 그들의 희생양이다."

공평하게도 보건 당국 역시 매우 다루기 힘든 문제에 직면해 있었다. 설상가상으로 과학자들이 전국의 무증상 보균자를 연구하기 시작하자 보균자가 끔찍할 정도로 널리 퍼져 있다는 사실이 드러났다. 당시 전국적으로 수천 명에 달하는 무증상 장티푸스 보균자들이 있었던 것으로 추정된다. (과학자들은 해마다 무증상 보균자가 1300명씩 발생한다고 추정했다.) 이보다 더 끔찍한 사실은, 디프테리아를 비롯한 다른 질병의 무증상 보균자가 **수십만 명**으로 추정된다는 것이었다. 이 사람들을 모두 격리할 수는 없는 노릇이었다.

장티푸스로 인한 문제는 현대의 백신과 항생제 덕분에 대부분 사라졌지만, 슬프게도 이는 메리 맬런이 사망하고 나서 오랜 시간이 흐른 뒤의 일이었다. 하지만 안타깝게도 나머지 우리들에게는 언제나 새로운 질병이 있다…….

도대체
쓸개가 뭘 어쨌다고?

본질적으로 천연 비누 같은 세제 역할을 하는 쓸개즙이 장티푸스 박테리아를 죽이지 못하는 이유는 오랫동안 과학자들을 당혹스럽게 했다. 하지만 오하이오주립대학교Ohio State University의 존 건John Gunn 박사가 이끈 연구 덕분에 이제 그 답이 밝혀졌다.

사람이 장티푸스에 감염되면 일부 균은 면역 체계의 감시망을 벗어나기도 하는데, 이들 균은 주로 쓸개의 단단한 담석에 모여 튼튼한 미생물막을 형성한다. 미생물막은 자유롭게 떠다니던 미생물이 표면과 접촉해서 끈적끈적하고 밀도가 높고 튼튼한 그물망을 만들 때 발생한다. 이 미생물막이 무언가에 달라붙어서 쌓이고 증식하면 죽이거나 뿌리 뽑기가 매우 어려워진다. 면역 체계는 이것을 완전히 제거하려는 시도를 완전히 포기한다. 쓸개의 장티푸스균은 계속 그곳에 머물 수 있으며 때로 균 집단의 일부를 쓸개즙으로 흘려보내는데, 이 때문에 다른 사람이 감염된다.

장티푸스, 치아, 고전기 그리스의 몰락

기원전 430년, 그리스 역사학자 투키디데스Thucydides는 아테네를 휩쓸어 시민 3분의 1을 죽이고 결과적으로 고전기 그리스 문명의 종말을 앞당긴 끔찍한 '역병'을 묘사했다. (이 병에 직접 걸리기도 한) 투키디데스가 설명한 증상은 피부에 닿는 옷을 입느니 벌거벗고 있는 편이 더 나을 정도의 극심한 열, 해소되지 않는 '끝없는 갈증', 심한 구토, 많은 사람이 잠들지 못할 정도로 만연한 불안 등 무시무시했다. 감염자 중 다수가 2주 이내에 사망했는데, 사망자 중에는 훌륭한 정치인이었던 페리클레스Pericles도 있었다.

그런데 이 병이 무엇이었을까? 에볼라? 흑사병? 역사학자들이 수 세기 동안 추측했지만, 병명은 고고학자들이 아테네 케라메이코스Kerameikos의 고대 묘지에서 집단 매장지를 발굴한 1995년이 되어서야 비로소 밝혀졌다. 이곳에는 2000여 년 전에 전염병으로 사망한 시신이 150구 넘게 묻혀 있었다. 과학자들은 사체의 치아를 뽑은 다음 그 안에 있는 조직인 치수를 추출했고, 발전된 DNA 기술을 활용해 마침내 답을 얻었다. 추측하듯이 장티푸스였다. 구체적으로는, 악명 높은 살모넬라 엔테리카 혈청형 장티푸스균Salmonella

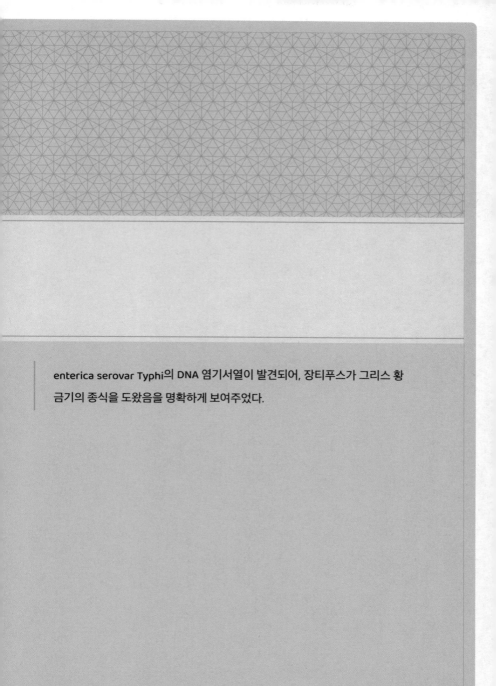

enterica serovar Typhi의 DNA 염기서열이 발견되어, 장티푸스가 그리스 황금기의 종식을 도왔음을 명확하게 보여주었다.

23.

레닌의 피부

죽은 사람을 되살리는 연구

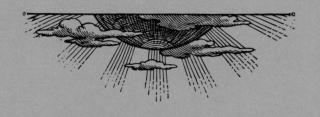

1870~1924년

공산주의 소비에트 연방에서 잔인한 대숙청Great Purge이 절정에 달한 1938년 11월의 연휴였다. 수십만 명의 시민이 목숨을 잃었다. 그리고 소비에트 연방의 독재자 이오시프 스탈린Joseph Stalin과 공산당 중앙 위원회는 붉은 광장Red Square에 있는 레닌의 묘를 방문하고 있었다.

그곳에는 소비에트 연방을 세운 블라디미르 레닌Vladimir Lenin의 시신이 수정으로 만든 석관에 영구히 안치되어 있었다. 그리고 그곳에서 묘를 관리하는 정부 소속 과학자 네 명과 시신 보존 담당 노동자들은 레닌의 소금에 절인 듯한 피부를 면밀히 살펴보는 스탈린과 위원회 회원들을 초조하게 지켜보고 있었다. 잠시 후, '총살 목록'이 적힌 사형 집행 영장에 스탈린보다 더 많이 서명한 뱌체슬라프 몰로토프Vyacheslav Molotov 수상이 오싹한 말을 중얼거렸다. "많이 달라졌군."

오이 블랴티!('이런 젠장!'이라는 뜻의 러시아어 —옮긴이)

실패한 걸까? 레닌은…… **죽은** 듯이 보이는 걸까?

스탈린 치하의 러시아에서는 실패는 물론이고 실패로 간주되는 것조차 용납되지 않았다. [알렉산드르 솔제니친Aleksandr Solzhenitsyn이 『수용소군도』에서 이야기했듯이, 스탈린을 숭배하는 연설을 들을 때 사람들은 반스탈린주의자로 보일까 봐 무서워서 쉬지 않고 손뼉을 쳤다. 사람들은 어느 용감한 (또는 지친) 사람이 마침내 박수를 멈출 때까지 계속 초조하게 손뼉을 쳤다. 솔제니친은 이런 식으로 스탈린주의자의 열정을 보여주지 못했기 때문에 반소비에트 활동을 명목으로 투옥되었다.] 그리고 이곳 묘에서 실패는 쉽게 눈에 띄었다. 마르크스주의자의 피부에 곰팡이가 피다니, 시베리아나 더 끔찍한 곳에 갈 수도 있었다.

레닌의 피부에 곰팡이가 피지 않게 유지하는 일은 쉽지 않았다. 묘지 관리 팀은 곰팡이는 물론이고 (피부에 줄무늬, 얼룩, 점이 생겨) '얼룩말처럼 되는 것', 그리고 점과 피하지방이 마르면서 살이 푹 꺼지는 현상과도 싸워야 했다. 그들은 레닌의 얼굴에 바셀린, 왁스, 파라핀, 젤라틴을 주기적으로 주입하여 통통하게 만들었고 근육에는 방부제를 주사했으며 손과 얼굴을 포름알데히드에 담갔다. 또한, 몸을 지속적으로 방부제에 담그기 위해 고무 옷으로 감쌌고 (고무 옷으로 감싼 몸에 그가 원래 입던 옷을 입혔다) 죽은 레닌의 피부에 '발삼(글리세린과 아세트산 칼륨 용액)'을 직접 발랐다. 레닌이 사망한 뒤, 스탈린이 입지를 다지기 위해 자신을 사망한 지도자와 (비유적인 의미에서) 결합하는 것이 정치적으로 이치에 맞는다고 결정 내린 때부터 14년 동안 이러한 일과가 지속되었다.

레닌은 사망 직전에 집단 지도력을 촉구하고 스탈린을 당 서기장에서 해임할 것을 권고하는 유서를 썼다. 하지만 그의 후계자들, 그중에서도 스탈린은 이를 감추었다. 스탈린은 주로 여론 조작용 재판과 처형을 통해 레닌 사후에 집단 지도부를 구성한 사람들을 제거했다. 그리고 사진을 조작하고 초창기 볼셰비키 공산주의 체제에서 자신이 핵심적인 역할을 했다고 (잘못된 사실을) 강조하는 영웅적인 그림을 새로 그리게 하여, 대중이 머릿속에서 그와 고인이 된 존경받는 지도자를 서로 연관 짓도록 했다. 이뿐만 아니라 죽어가던 레닌이 어머니 곁에 묻히고 싶다고 했다는데도 그 뒤를 이어 곧 독재자가 된 스탈린은 이를 용인하지 않았다. 레닌을 숭배하게 만드는 것은 스탈린의 통치를 정당화하는 데 도움이 되었다. 스탈린에게 필요한 것은 그 숭배가 지속되도록 레닌을 부활시키는 것뿐이었다. 그러자 좀처럼 제기된 적이 없는 정치적 의문이 제기되었다. 죽은 지도자의 피부를 어떻게 살아 있는 사람처럼 유지할 것인가?

소비에트 연방의 의사들과 과학자들은 처음에는 레닌의 시신을 냉동하려고 계획했지만 특수 제작 중이던 슈퍼 냉동고가 완성되기 전에 시신이 부패하기 시작했다. 그래서 그들은 실험적이지만 방부 처리를 선택했다. 레닌의 눈과 내부 장기를 대부분 제거한 뒤에 (체중의 약 60%에 해당하는) 체액을 빼내고 방부제를 채워 넣었다. (그의 뇌는 소비에트 '두뇌 연구소Brain Institute'에 배포되었는데, 이곳은 그의 뇌를 연구해 '비범한 능력'의 단서를 찾고자 특별히 설립된 기관이었다.) 그 결과 원래 레닌의 몸 중 약 23%만 남았고 그 23%는 조심스럽게 보호되었다. 한때는 거의 신성시되던 마르크스주의자의 시신과 관련해 묘지나 부속 연구실에서 일하는 사람이 200명이나 되었다. 레닌의 방부 처리된 시신은 이토록 소중히 여겨졌기에 ('오브젝트 넘버 원Object No. 1'이라는 멋들어진 암호명까지 붙였다), 제2차 세계대전 중에는 시신을 온전히 지키기 위해 포위된 모스크바로 특수 열차를 보내 러시아 중부에 세운 연구실로 가져오기도 했다.

이처럼 죽은 레닌의 피부에 대한 지나친 관심을 통해 우리는 소비에트 연방의 삶에 대한 놀라운 단면을 엿볼 수 있다. 소비에트 연방은 국교가 없었고 사후 세계라는 개념을 매우 경멸했기 때문에 현실 세계에서 영구 보존 상태로 실제 살아 있는 사람처럼 누워 있는 것을 매우 중요하게 여기는 듯했다. 신과 전설적인 통치자들이 없는 상황에서, 비유적으로나 문자 그대로나 새로운 역사적 전설을 육성하고 보존해야 했다. 레닌의 묘는 공산주의의 성자가 썩지 않은 채 영원히 위엄을 갖추고 누워 있는, 찬양의 중심지였다. 수년에 걸쳐 2400만 명에 달하는 사람들이 방문하여 시신을 물끄러미 바라보았고 대부분 이 공산주의자의 업적에 감탄했다. 소비에트 연방은 연방의 창시자를 전문적으로 방부 처리한 것과 이렇게 보존된 시신을 둘러싼 숭배에 자부심을 느꼈다.

하지만 방부 처리를 위해 온갖 노력과 기술을 동원했음에
도 1938년에 레닌의 시신 상태를 본 몰로토프가 언짢아한 이
유는 아직 모른다. 그렇게 자랑하던 소비에트 연방의 피부와
피하 지방 방부 처리 기술은 기대만큼 효과가 없었다. 적당량
의 피하 지방이 없는 레닌의 얼굴은 계속 가라앉고 있었다. 그
의 피부는 표백한 뒤에 카로틴 염색을 했음에도 불구하고 누
렇게 떠 있는 경우가 많았고, 일부 이야기에 따르면 설상가상
으로 피부와 더 깊은 곳의 살덩어리가 이따금 떨어져 나갔다.
(발의 일부도 마찬가지였는데 다행히 발은 덮여 있다.) 그렇다면
무엇을 해야 할까?

몰로토프가 다녀간 직후에 과학자들은 유명한 (부르주
아) 화가들을 활용하여 비과학적이지만 영리하고 상대적으로
소비에트 연방답지 않은 해답을 내놓았다. 그들은 렘브란트
Rembrandt와 엘 그레코El Greco의 그림에 나타난 빛을 서로 비교
한 다음 묘지에 있는 레닌이 밋밋한 엘 그레코식 조명을 받고
있다는 것을 깨달았다. 묘지 관리 팀은 렘브란트 쪽으로 방향
을 바꿔, 온도 조절이 더 쉬울 뿐만 아니라 훨씬 전문적으로 조
명을 비출 수 있는 유리관을 새로 맞추어 외모 문제를 해결했
다. 여광기를 설치하자 레닌의 피부에 분홍빛이 돌았고 푹 꺼
진 눈과 뺨을 도드라져 보이게 하던 그림자도 사라졌다.

이는 또 다른 의문으로 이어졌다. 레닌 시신의 겉모습은
처음부터 그냥 가짜였던 것일까? 저명한 러시아 외과 의사가

레닌의 시신 방부 처리에 관해 쓴 중요한 책『블라디미르 일리치 레닌의 질병, 죽음, 방부 처리: 진실과 신화Illness, Death, and Embalming of V.I. Lenin: Truth and Myths』에서는 전문가의 기술 뒤에 숨은 방부 처리 과학을 강조한다. 하지만 주로 구 소비에트 연방 바깥에 있는 작가들은 그의 피부와 피하 지방이 플라스틱, 파라핀, 글리세린, 카로틴을 조심스럽게 주입하고 여기에 두터운 화장을 입히고 피부를 돋보이게 하는 렘브란트식 조명으로 보기 좋게 만든, 인공적인 결합물에 가깝다고 말한다. 완벽하냐고? 그런 것 같기도 하다. 자연스럽냐고? 그건 아니다.

오늘날에도 레닌 또는 레닌의 형태로 남아 있는 것은 묘지에 방부 처리된 상태로 누워 있고, 그의 겉모습에 대한 현대 방문객들의 의견은 매우 엇갈린다. 어떤 이들은 그가 영원한 안식 속에 자연스럽게 잠든 것처럼 보인다고 말한다. 반면 이에 동의하지 않는 사람들도 있다. 동의하지 않는 사람들 중 그나마 예의 바른 이들은 공산주의 국가 러시아를 세운 사람을 밀랍으로 만든 대형 과일에 비유한다.

사후에 미화된 스탈린의 시신 방부 처리

스탈린의 시신 방부 처리는 레닌과 전혀 다른 문제에 직면했다. 이번에는 스탈린이 살아 있을 때와 달라 보이게 만들어야 했다. 생전에 스탈린의 얼굴에는 천연두를 심하게 앓고 나서 생긴 곰보 자국과 반점이 지독히 많았다. 그는 키가 작았고 (미국 대통령 해리 트루먼Harry Truman은 그를 '애송이 꼬마'라고 불렀다) 왼팔에 장애가 있었으며 두 발 모두 발가락이 여섯 개씩이라는 소문이 있었다. 에어브러시로 꼼꼼하게 수정된, 잡지와 공식 사진 및 초상화 속 스탈린은 언제나 훨씬 더 잘생기고 키가 컸다. 스탈린 시신 방부 처리 팀의 어느 팀원은 텔레비전 인터뷰에서 자신의 주요 임무가 '사람들이 충격받지 않도록 스탈린의 시신을 사진이나 초상화 속 모습과 최대한 비슷하게 만드는 것'이었다고 밝혔다. (장기적으로 이는 그다지 중요하지 않았다. 스탈린은 1953년부터 1961년까지만 방부 처리된 상태로 레닌 곁에 누워 있었다. 1961년, 소비에트 연방의 새로운 수상 니키타 흐루쇼프Nikita Khrushchev는 수치스럽게도 100m가량 떨어진 곳에 있는, 규모가 더 작은 소비에트 연방 고위 관리자들의 묘지에 스탈린을 매장하게 했다.)

마오쩌둥
시신 방부 처리의 문제

공산주의 국가의 시신 방부 처리라는 관점에서 볼 때, 중화 인민 공화국을 건국한 마오쩌둥Mao Zedong은 그리 좋지 않은 시기에 사망했다. 1976년은 소비에트 연방과 중국의 긴장이 최고조에 달한 시기였다. 소비에트 연방의 전문 기술자들은 다른 공산주의 국가의 지도자들을 방부 처리하거나 미라로 만드는 일을 기꺼이 도왔지만 중국은 돕고 싶어 하지 않았다. 그래서 중국인들은 스스로 해냈으나 미라로 만드는 기술을 빠르게 습득한 탓에 결과물이 만족스럽지 못했다. 마오쩌둥의 방부 처리된 시신은…… 형편없어 보였다. 마오쩌둥의 주치의 리즈쑤이는 그의 머리가 '축구공처럼 부풀어 올랐다'거나 '그의 모공에서 포름알데히드가 땀처럼 흘러나왔다'고 불평했다고 전해진다. 약 1년 동안, 중국인들은 이 문제를 개선하려고 노력했지만 최종 결과물은 여전히 일부만 만족스러운 상태였다. 마오쩌둥의 귀는 이상한 각도로 튀어나왔고 그의 피부는, 영국의 어느 신문 보도에 따르면, "밀랍이라고 해도 믿기 힘들 정도라서…… 마담 투소에서 거절할 만해" 보였다. 어쩌면 이런 이유로 방문객들을 석관에서 6m 정도 떨어뜨려 놓고 오래 머물지 못하게 하는지도 모르겠다.

썩 훌륭하지 않았던
에이브러햄 링컨 시신 방부 처리

지도자들을 방부 처리하여 대중에게 공개하는 것은 공산주의자들에게 국한
된 일이 아니었다. 에이브러햄 링컨Abraham Lincoln 대통령이 암살당한 뒤
에, 그의 시신은 방부 처리 기술자를 포함한 직원 300명을 동반하여 7개 주
의 180개 도시를 기차로 순회했다. 각 도시에 멈춰 설 때마다 시신을 기차에
서 내려 대중에게 공개했다. 하지만 당시에는 냉장 기술이 없었다. 방부 처리
기술자가 최선을 다해 노력했지만 시신은 부패하기 시작했고 이목구비가 무
너졌다.

뉴욕에서 23시간 연속으로 공개하는 동안에는 상태가 유독 안 좋았다. 『뉴욕
타임스』는 다음과 같이 결론 내렸다. "생전의 링컨 대통령을 보지 못한 사람
들에게는 시신 관람이 흡족할지 모르지만 그의 생전 얼굴 모습에 익숙한 사
람들에게는 전혀 그렇지 않았다. 피부색은 갈색에 가까운 납빛이었다. 이마
는 눈에 띄게 꺼졌고 반점이 생겼다…… 방부 처리 효과에도 불구하고 더 이
상 관람을 지속할 수는 없을 듯하다……." 하지만 기차는 순회를 계속하여 일
리노이Illinois주 스프링필드Springfield에까지 갔고, 그곳에서 빠르게 부패

하던 링컨의 시신은 마침내 오크 리지 묘지Oak Ridge Cemetery의 납골당에 안장되었다. 앉아 있는 링컨의 모습을 조각한 대형 동상이 있는 링컨 기념관 Lincoln Memorial은 어떤 면에서는 지도자를 방부 처리해 놓은 공산주의 양식의 묘를 대신하는 역할을 한다. 그리고 한 가지 중요한 장점이 있다. 대리석은 썩지 않는다는 것이다.

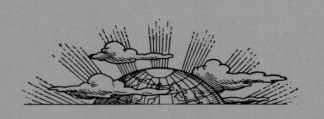

24.

치우진의 발

동여맬수록 자유로워진 여성

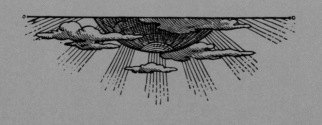

1875~1907년

    이 이야기는 두 발이 어떻게 역사상 가장 유명한 페미니스트 운동의 도화선이 되었는지에 관한 것이다. 그 발은 중국 페미니스트 혁명가 치우진 Qiu Jin 의 것이었고, 페미니스트 운동은 그녀의 발 크기 때문에 시작되었다. 황제 치하의 중국에서는 1000년이 넘는 세월 동안 여성의 발 크기가 작을수록 좋다고 여겼다. 작은 발(인위적으로 고통스럽게 크기를 줄인 발로, 이상적인 성인의 발 크기는 한 살 난 아이의 평균 발 크기인 약 10cm였다)은 지위, 신분 상승, 경제적 안정성, 성적인 매력을 의미했다. 마지막 항목은 당시 사회를 지배하던 남성의 관점에서 언급된 것이었다. 그러자 치우진 같은 여성들이 발과 관련된 관습에 의문을 품기 시작했다.

    우선 처음부터 살펴보자. 명 왕조(1368~1644) 시절에는 전체 여성 중 절반가량이 전족을 한 것으로 추정된다. 딸을 둔 어머니들은 발 크기가 자연스럽게 결정된다는 사실에 만족하지 않았다. 그들은 유서 깊은 관습인 전족을 실시해 최대 약 10cm라는 아주 작은 크기의 발을 만들고자 했다. (최대 15cm 정도까지가 일반적이었다.) 이는 쉽지 않은 일이었다.

몹시 고통스러운 이 과정은 대개 여자아이가 네 살에서 여섯 살 사이일 때부터 시작되었다. 먼저 아이의 발을 뜨거운 물에 씻긴 다음 발톱을 아주 짧게 깎고 손으로 마사지를 한 뒤 기름을 발랐다. 그런 뒤에 엄지발가락을 제외한 모든 발가락을 부러뜨려서 발바닥 쪽에 밀착하고, 발등을 반으로 접어서 발바닥과 발뒤꿈치가 만나게 한다. 그리고 이대로 모양이 흐트러지지 않도록 긴 비단 천으로 발을 꽁꽁 감싼다. 이렇게 하면 엄지발가락이 튀어나온 이상한 모양의 삼각형 발이 된다. 발이 아주 꽉 묶여 있고 발가락이 단단히 접혀 있기 때문에 발에 피가 제대로 공급되지 않아서 발이 괴사하고 세포 조직이 죽는 일이 빈번했다. 때로는 발가락이 그야말로 떨어져 나가기도 했다. 며칠 간격으로 천을 풀어서 고름을 빼내야 했지만 그렇게 해도 발이 심하게 감염되는 경우가 많았다. 때로는 죽은 피부가 너무 많아서 잘라내기도 했고 저절로 떨어지게 두기도 했다. 대부분의 여자아이들은 몇 달 동안은 걸을 수 없었지만 그 후 발등이 더 심하게 부러지고 나면 먼 거리를 억지로 (절뚝거리며) 걸을 수 있었다. 시간이 지날수록 발을 더 단단하게 묶었고 그에 따라 발은 더 작아졌다. 이렇게 만들어진 것이 '황금 백합'이라고도 부르는 '연꽃 발'이었다. 동여맨 발에서 꽃향기나 향기로운 냄새가 난다는 말은 들어본 적 없지만,

수많은 남성들이 그 냄새를 좋아했다고 한다. 그들은 땀에 젖은 연꽃 발로 신었던 신발에 열심히 술을 따라 마셨다. 이들은 전족한 여성들이 매우 관능적으로 비틀거리며 걷는다고 생각하기도 했다. 전족이라는 고통스러운 관행은 천 년 넘게 지속되었지만 1800년대 중반에 이르러 전족 반대 운동이 진행되었다. 중국인들도 전통에 맞서 싸웠고 중국에 온 유럽 선교사들도 마찬가지였다. 이들은 함께 전족에 반대하는 운동을 시작했다. (아이러니하게도, '야만적인' 전족에 반대하는 운동을 펼쳤던 바로 그 선교사들은 빅토리아 시대 여성들 사이에서 유행해 흉곽 아래쪽을 안으로 휘게 만들기도 했던 꽉 끼는 코르셋에서는 이상하거나 야만적인 면을 전혀 보지 못한 듯했다.)

1875년, 중국 한족 상류층 가문에서 태어난 치우진은 전족을 매우 단호하게 반대했다. 그녀는 (자신도 당했던) 이 관습에 격분하며, 전족 때문에 "말 못 할 고통과 불행이 생기는데도 우리 부모는 이에 아무런 연민을 보이지 않았다"고 말했다. 어떤 이야기에서는 어린 치우진이 몰래 (나중에는 공개적으로) 전족을 풀었다고 하는데, 고통스러운 상처가 치유되기를 바라는 마음이었겠으나 더 많은 고통을 초래한 듯했다. 하지만 여러 면에서 그녀는 말 그대로 중국을 꽁꽁 묶고 있다고 생각한 오랜 속박을 깨버리기로 결심했다. 당시 중국은 북쪽의 만주에서 온 만주족 청 왕조가 통치하고 있었기에 모순된 상황이 벌어졌다. 청 왕조는 전족에 반대했고, 만주족 여성들은 고통을 감당하지 않고도 전족을 한 것처럼 우아하게 걷도록 해주는 통굽 신발을 신었다. 하지만 한족 중국인들 사이에서는 전족 관습이 너무 강해서 끈질기게 되풀이되었는데, 특히 한족을 '야만적인' 만주 출신 통치 계급과 구분하는 수단으로 지속되었다.

치우진은 자라는 동안 시인으로 꽤 성공했지만 여전히 어느 정도는 전통을 따르고 의무를 다하는 딸이었다. (그녀가 쓴 시 한 편은 이렇게 시작한다. "내게 말하지 말기를 / 여자들은 영웅 감이 못 된다고") 그녀는 열여덟 살에 전통에 따라 부유한 상인과 중매결혼을 했는데, 알고 보니 그는 술을 많이 마시고 매춘을 사랑하고 아첨을 일삼으며 관습에 사로잡힌 출세주의자였다. 치우진은 결혼이라는 지옥을 몇 년간 견딘 뒤에 모든 것을 버리고 일본으로 달아나서 부패한 만주 청나라 정권을 타도하기 위해 혁명 단체에 가입했다. 그녀가 이룬 가장 중요한 성과는 「중국의 2억 여성 동지들에게 경의를 표하는 성명서」라는 설득력 있는 선언문을 작성해 전족과 여성을 지배하는 현실을 맹렬히 비난한 것이다. 그녀는 여성의 경제적, 정치적 퇴행을 전족으로 인한 이동성 문제와 깊이 연관 지었다. "그래서 외부의 도움에 의존할 수밖에 없기 때문에 결혼 후에 우리는 어느새 집안의 노예처럼 남성들의 지배에 종속된다."

치우진을 비롯해 많은 여성이 전족에 격렬히 반대한 한편, 이를 강력하게 옹호한 여성들도 있었다. 이상한 말이지만 전족은 균형을 이루는 데 많은 도움이 되었다. 전족으로 발을 작게 만든 가난한 여자아이는 부유한 남자와 결혼하여 사회적 지위를 높일 수 있었다. 다른 면에서 매력적이지 않은 여성일지라도 발이 평균보다 작으면 성적으로 매우 매력적인 사람이 될 수 있었다. 딸에게 전족을 시킴으로써 가족 전체의 지위가 향상되기도 했는데, 이때 전족은 상대적으로 경제 생산성이 떨어지고 집에만 있어야 하는 여성들을 감당할 능력이 가족들에게 있었음을 보여주었다. 그리고 최근 연구에서는 전족과 관련하여 기존의 이야기를 뒤집는 결과가 발견되었다. 중국의 일부 시골 지역에서는 전족을 한 여자아이들이 실제로는 오히려 경제에 도움이 되었다는 것이다. 이들은 멀리 다닐 수 없었으므로 집에 머물며 옷감을 짜거나 옷을 만드는, 따분하지만 꼭 필요한 일을 했다. 사실상 이들은 경제에 보탬이 되는, 발 묶인 죄수들이었던 것이다.

1900년대 초반에 치우진은 페미니스트인 동시에 혁명가였다. 그녀는 동료 시인 쉬쯔화Xu Zihua와 함께 페미니스트 신문『중국 여성 뉴스Chinese Women's News』를 만들어 여성들이 독립하여, 자신들을 위해 일하며 남성에게 더 이상 의존하지 않고 당연히 전족도 하지 않도록 촉구했다. 치우진은 전족 때문에 어쩔 수 없이 조심조심 걸어야 하는 여성들의 발걸음이 '매혹적'이라면서 이에 마음을 빼앗긴 남성들을 분노에 찬 목소리로 비난했다. 진실을 알리는 개혁적인 저널리즘이 흔히 그렇듯이, 이 신문은 고작 두 번 발행한 뒤에 폐간되었다. 치우진은 이에 굴하지 않고 여성 스포츠 학교의 교장이 되었다. (이 학교의 실제 목적은 혁명가 양성으로 추정된다.) 밝고 혁신적인 미래가 눈앞에 펼쳐진 듯했으나, 그녀는 동지에게 배신당해 체포되고 고문당한 뒤에 1907년에 참수되었다.

하지만 그녀의 유산은 살아남았다. 예나 지금이나 치우진은 중국의 국가 영웅이다. 그녀가 처형되고 몇 년이 지난 뒤인 1912년, 전족이 불법화되었고 더 중요하게는 관습으로서의 명성도 잃었다. 일부 지역, 특히 외딴 시골 지역에는 1946년 공산주의 혁명 이후에도 전족이 남아 있었으나 오늘날에는 극소수의 나이 든 여성들만 과거에 전족을 한 경험이 있다. 그리고 연꽃 발 신발을 만드는 마지막 업체가 1997년에 마침내 문을 닫았다. (일반적인 신발 가게에는 아주 작은 성인용 신발이 없었기 때문에 작은 연꽃 발에 맞는 인형 신발을 만드는 것은 특화된 사업 분야였다.)

전족의 발단

전족은 문학계에서 가장 온화해 보이는 시인들 때문에 시작되었을지도 모른다. (플라톤이 자신의 이상적인 공화국에서 시인을 추방한 데에는 이유가 있었던 모양이다.) 바너드대학Barnard College의 교수 도로시 고Dorothy Ko는 618년부터 907년까지 중국을 통치했던 당 왕조 때 전족이 시작된 것으로 보았다. 그녀는 다음과 같이 설명했다. "앙증맞은 발이 이상적이라는 인식은 당 왕조의 남성 시인이 만들어냈고, 12세기와 13세기 무렵에 지식인 가문의 여성들이 실제 관습으로 행하기 시작했다고 볼 수 있다. 다만, 907년에 당나라 궁이 함락당해 궁중 무용수들이 남쪽에 있는 기방으로 흩어질 때 발레리나가 발끝으로 걷듯이 전족을 한 듯한 형태로 걸었다는데, 이 부분은 자료가 없어서 추측만 가능하다."

그때부터 전족이라는 관습은 더 가혹해지고 멀리 퍼졌다. 일부 추정에 따르면 1800년대에는 한족 여성의 40~80%가, 부유한 지식인들 중에서는 거의 100%가 전족을 했다. 당시 이상적인 발 크기는 약 8㎝로 이를 황금 연꽃이라고 했다. 10㎝인 연꽃까지는 괜찮았지만 그보다 더 커지기를 바라는 사람은

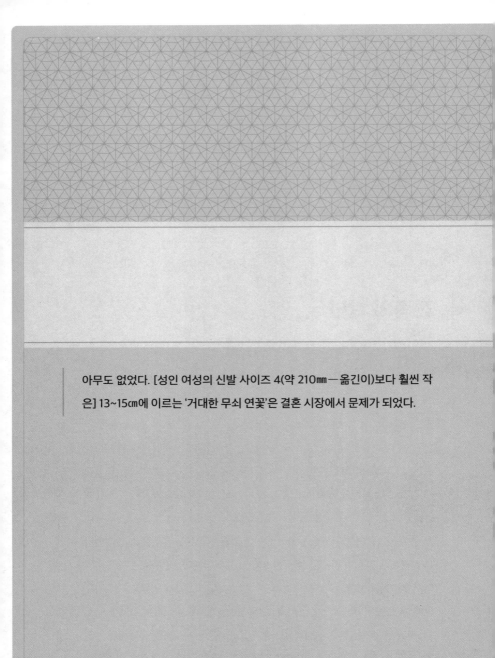

아무도 없었다. [성인 여성의 신발 사이즈 4(약 210㎜—옮긴이)보다 훨씬 작은] 13~15㎝에 이르는 '거대한 무쇠 연꽃'은 결혼 시장에서 문제가 되었다.

25.
아인슈타인의 뇌

뇌가 밝히는 천재성의 비밀

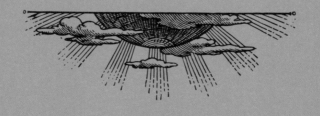

1879~1955년

"아인슈타인은 세계적으로 유명한 천재였고 내가 아는
사람들은 '당신은 아인슈타인과 많은 시간을 함께 보냅
니다. 그의 두뇌는 완벽하지 않습니까?'라고들 물었다."
— 물리학자 유진 위그너Eugene Wigner

알베르트 아인슈타인이 살아 있을 때, 그의 뇌가 100% 완
벽하다고 여기지 않았던 사람들조차 그의 뇌는 **다르다고**, 상
대성 이론 같은 건 절대 생각해 낼 수 없는 평범한 사람들의 뇌
보다는 어떤 면에서든 더 낫다고 믿었다. 하지만 어떻게 달랐
을까? 그건 아무도 몰랐다. 어쨌든 사람 머리에 들어 있는 뇌
를 분석한다는 것은 조금 어려웠으니까. 그러다가 1955년 4월
18일에 아인슈타인이 사망하자, 어느 겁 없는 병리학자가 그
의 뇌를 손에 넣을 기회를 잡았다.

아인슈타인은 극심한 복부 통증으로 프린스턴 병원

Princeton Hospital에서 투병했다. 그의 병상 옆 탁자에는 상대성 이론과 양자역학을 결합할 방법에 대한 생각을 휘갈겨 쓴 쪽지가 놓여 있었다. 이른바 만물 이론theory of everything에 대한 그의 연구 중 일부였다. 하지만 오전 1시 15분, 그의 몸과 여전히 활동적이던 그의 뇌는 마침내 움직임을 멈추었다. 근무 중이던 간호사에 따르면 아인슈타인은 몇 차례 깊은 호흡을 하고 독일어로 몇 마디 중얼거린 뒤에 사망했다.

프린스턴 병원은 긴급 기자회견을 소집해 천재가 사망했다고 발표하는 한편, 부검을 위해 시신을 연구실로 옮겼다. 병리학자 토머스 하비Thomas Harvey는 공식적으로 사인을 밝히기 위해 간단한 임무를 수행했다. (의심한 대로 오래된 대동맥류가 파열되었다.) 하지만 잠시 후, 하비는 예정대로 시신을 화장할 수 있도록 가족들에게 돌려보내지 않고 추가 절차를 진행했다. 아인슈타인의 뇌를 꺼낸 것이다. (동료애 때문인지 아인슈타인의 안과 담당의를 위해 눈도 적출했다.) 시신은 그 후에야 가족들에게 돌아갔고, 가족들은 그날 늦게 화장을 끝마친 다음 아인슈타인의 바람대로 언론에 알리지 않고 유골을 흩뿌렸다.

가족들은 다음 날『뉴욕 타임스』를 받아 들고 나서야 그들이 아인슈타인의 일부만 받았다는 사실을 알게 되었다. 신문 1면에는 '아인슈타인의 뇌에서 찾은 열쇠'라는 자극적인 헤드라인의 기사가 실려 있었고, 기사에서는 '상대성 이론을 풀어낸 뇌'가 '과학 연구를 위해' 적출되었다고 했다. 어리둥절해진 아인슈타인의 아들 한스 알베르트Hans Albert와 유언 집행인 오토 네이선Otto Nathan은 즉흥적으로 행동한 병리학자에게 정면으로 따졌고, 병리학자는 대단한 천재의 뇌를 꺼낼 특별한 기회를 마주하자 그 뇌를 자기 손에 넣을 수밖에 없었다고 시인했다.

하비는 선배 과학자들의, 그러니까 뭐랄까, 뇌가 뜨거워지는 흥분에, 다시 말해 뇌를, 그중에서도 좋은 쪽으로나 가끔은 나쁜 쪽으로 유명한 사람의 뇌를 직접 연구해 보고 싶다는 거부할 수 없는 충동에 사로잡힌 과학자들(과학자가 아니라 무려 과학자'들'이다)의 발자취를 따르고 있었다. 회백질을 향한 이러한 열정은 수천 년 전인 기원전 5세기에 크로톤Croton의 알크마에온Alcmaeon이 뇌에 우리의 의식이 자리하고 있다는 개념을 떠올리면서 시작되었다. 그때부터 뇌는 연구의 중심이 되었고 뇌 해부는 매우 중요한 연구 방법이 되었다. 하지만 유행은 잠깐 나타났다가 사라졌고 한동안은 과학이라는 이름으로 인간의 몸을 가르는 것에 눈살을 찌푸렸다. (이와 대조적으로 전쟁이나 민족주의의 이름으로 몸을 절단하는 것은 용인했다.) 13세기가 되어서야 비로소 과학적 목적의 인체 해부가 본격적으로 다시 시작되었고, 그 후 300년이 지나 부드러운 조직을 보호하는 방법이 개발되고 나서야 연구자들이 학문 목적으로 장기를 수집할 수 있게 되었으며 이와 함께 뇌 연구가 크게 도약했다.

뇌 수집은 1800년대에 본격적인 궤도에 올랐다. 두상을 '과학적으로' 연구하는 골상학부터 머리의 모양이나 크기를

범죄 성향과 연관 짓는 격세 유전 분류 모델atavistic classification
과 있는 그대로의 뇌에 이르기까지, 뇌와 관련된 모든 것이
열광적인 관심의 대상이었다. 뇌에 대한 연구도 빠르게 발전
하고 있었다. 과학자들은 뇌를 수집해서 분석하고 비교했다.
1800년대 말, 버트 그린 와일더Burt Green Wilder라는 연구자는 직
접 수집한 뇌들을 크게 두 부류로 나누었다. '교육을 받고 규율
을 지킨 사람의 뇌', 다시 말해 (백인 남성으로만 구성된) 학자
들과 유명한 전문가들의 뇌와 '유명하지 않거나 제정신이 아
니거나 범죄를 저지른 사람의 뇌', 즉 정신질환자와 범죄자는
물론이고 소수민족과 여성들까지 포함된 사람들의 뇌였다. 뇌
와 관련된 협회와 '동호회'가 결성되어 과학자들과 관심 있는
일반인들이 모여서 뇌에 관해 토론하고 최종적으로는 자신들
의 뇌를 연구용으로 모임에 기증하기로 약속하고 (물론 사후
에) 유명인들이 이와 비슷하게 뇌를 기증하도록 설득했다. 뇌
에 사로잡힌 이 모든 현상의 바탕에는 매우 뛰어나고 똑똑한
사람들의 뇌에는 분명 뭔가 다른 점이 있으리라는, 다른 사람
들의 뇌와 구분되는 무언가가 있으리라는 믿음이 깔려 있었
다. 이제 다시 하비와 아인슈타인의 뇌로 돌아가자.

하비는 아인슈타인의 가족들에게 그의 뇌를 과학계에 내
어 줄 의무가 있다고 주장했다. 공식적으로 서면 합의서를 작
성하지는 않았지만 (이는 하비가 뇌를 '도둑질했다'는 식의 이야
기에 오랫동안 시달린 이유 중 하나였다), 가족들과 유언 집행인
은 결국 하비가 한 짓을 받아들였고 뇌를 연구해도 좋다고 동

의했다. 하지만 한 가지 중요한 조건이 있었다. 대중의 관심에서 최대한 벗어나고자 했던 아인슈타인의 바람에 따라, 가족들은 모든 과정을 조용히 진행하기를 원했고 대대적인 홍보는 원치 않았다.

이들은 소망을 이루었다. 아인슈타인의 뇌와 관련된 소식은 언론에 일절 노출되지 않았고 연구 결과가 출간되지도 않았다. 그의 뇌는 25년 뒤, 『뉴저지 먼슬리New Jersey Monthly』 잡지의 용감한 기자가 '아인슈타인의 뇌를 찾아서'라는 탐사를 시작하기 전까지는 사람들의 눈과 머릿속에서 사라졌다. 스티븐 레비Steven Levy 기자는 결국 캔자스Kansas주의 위치타Wichita에서 하비를 찾아냈다. 그곳에서 하비는 레비에게 사과주를 담던 판지 종이 상자 속의 병 두 개를 보여주었다. 맥주 냉장고 뒤에 끼어 있던 상자에는 구겨진 신문지가 가득했다. "유리병 속에서 떠다니는 것은⋯⋯ 뇌의 조각들 일부였다. 모양과 크기가 소라고둥 껍데기 같은 회색 물질은 주름이 잡혀 있었고 스펀지 같았다⋯⋯."

뚜껑에는 마스킹 테이프가 붙어 있었고 크기가 더 큰 두 번째 유리병에는 "반투명한 직사각형 덩어리가 수십 개 있었는데, 크기는 스니커즈Snickers 정도였고 저마다 '대뇌피질'이라고 쓴 작은 스티커가 붙어 있었다⋯⋯ 모든 덩어리가 감싸고 있는 것은 쪼글쪼글한 뇌 덩어리였다."

아인슈타인의 뇌를 만나보시라.

하비의 설명에 따르면 그는 뇌를 잘라 견본을 240개 만들었고 이를 현미경 슬라이드로 만들어서 저명한 신경병리학자들에게 보냈다. 하비는 직접 연구하기 위해 뇌의 나머지 부분을 보관하는 한편 (실제로 연구는 하지 않았다), 더 유명한 다른 과학자들이 아인슈타인의 뇌를 간절히 연구하고 싶어 하기를 바라고 기대했다. 하지만 관심을 갖는 사람이 많지 않았는데, 그 이유가 뇌 전체를 적출한 사건을 두고 윤리적인 논란이 있었기 때문만은 전혀 아니었다. 아인슈타인의 뇌를 연구한 결과가 발표된 것은 수십 년이 지난 뒤였다.

그렇다면 아인슈타인의 뇌 연구를 통해 천재성의 기원이 밝혀졌을까? 확신하기는 어렵지만 연구자들은 주목할 만한 사실을 밝혀냈다고 생각한다. 1999년 맥매스터대학교McMaster University에서 실시한 연구에 따르면 실제 아인슈타인의 뇌는 평균보다 작았지만 두정엽 같은 특정 부분은 평균보다 컸고 더 많이 발달해 있었다. 그후 10년 넘게 지난 뒤에 캘리포니아대학교 버클리University of California at Berkeley의 연구진은 그의 뇌가 신경세포 대비 신경교세포 비율이 높았고 모든 신경교세포끼리 매우 촘촘하게 연결되어 있다는 사실을 발견했다. (쉽게 설명하자면, 아인슈타인은 인지 능력이 높아서 대부분의 사람들보다 더 쉽게 창의적인 생각을 떠올릴 수 있었다는 뜻이다.) 하지만 이는 과거에나 현재에나 추측일 뿐이다. 여전히 우리는 뇌 구조가 지능에 어떻게 기여하는지 이해하는 여정에서 시작점에 있을 뿐이다.

하비는 자신의 뇌 '절도'에 어느 정도 변명의 여지가 있었음을 알지 못했다. 그는 더 흥미로운 연구 결과가 발표되기 수 년 전에 84세의 나이로 사망했는데, 아인슈타인이 사망했고 그가 맨 처음 아인슈타인의 뇌를 꺼낸 바로 그 병원에서 숨을 거두었다.

베니토 무솔리니의 뇌를 반환하라

머리에서 적출된 뇌 중 주목할 만한 또 다른 것으로는 이탈리아의 독재자 베니토 무솔리니Benito Mussolini의 뇌가 있다. 1945년, 이 파시스트 지도자가 공산주의자의 총살형 집행대에서 총살당하자 밀라노 법의학 연구소Institute of Legal Medicine의 의사들은 부검을 실시했고 다소 손상된 무솔리니의 뇌를 꺼냈다. (총살형 집행대에 고개를 숙인 채 매달리면 사람들이 발로 차고 주먹질하거나 다른 방식으로 폭행하기 때문에 약간 손상을 입을 수 있다.) 미국 정부는 무솔리니의 기이한 행동이 매독을 치료하지 않아서 발생한 진행 마비general paresis 때문이라는 이론을 확인하고 싶어서 뇌 견본을 요청했다. (그리고 추측건대 전리품으로 삼으려고 요구하기도 했을 것이다.) 그래서 시험관에 담긴 뇌 물질이 워싱턴 DC로 날아갔고, 그곳 의사들은 이 견본을 연구해 뇌는 지극히 정상이라고 결론 내렸다. 그러고 나서 견본을 보관했는데, 유리병 하나는 성 엘리자베스 병원St. Elizabeth's Hospital에, 나머지 하나는 미국 육군 병리학 연구소Armed Forces Institute of Pathology에 보관했다. 그리고 견본은 대부분의 사람들에게 잊힌 채 그곳에 있었지만 무솔리니의 아내만큼은 잊지 않았다. 그녀는 1957년에 남편의 사라진 시신을 되찾았고, 최대한 온전한 상태로 매장하고 싶었기 때문에 뇌도 돌려받기를 원했다. 그녀는 이탈리아에 주재하는 미국 대사에게 이를 편지로 계속 요청했고 1966년에 마침내 정부 관계자들의 승인을 받았다. 하지만 이들은 뇌 견본을 절반밖에 찾지 못했다. 성 엘리자베스 병원에 보관한 견본이 사라진 것이다. 그래도 아예 없는 것보다는 절반이라도 있는 편이 나은 것은 분명했다. 뇌 견본은 평범한 하얀 봉투에 '무솔리니Mussolinni'라고 (철자를 틀리게) 쓴 표를 붙여서 피렌체로 발송되었고, 지하실에 있던 그의 시신과 합쳐졌을 것으로 추정된다. 사라진 견본은 어떻게 되었을까? 무슨 일이 있었는지는 아무도 정확히 알지 못했다. 그러다가 2009년, 이베이의 어느 판매 물건 목록에 나타났는데, 그곳에는 익명의 판매자가 상대적으로 저렴한 가격인 1만 5000유로로 무솔리니의 뇌 조각을 판매한다고 되어 있었다. (무솔리니의 손녀가 신고하자마자 이베이는 목록을 삭제했다.)

26.
프리다 칼로의 척추

대형 사고가 그려낸 셀피

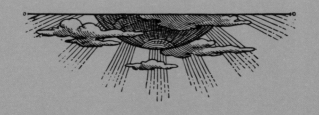

1907~1954년

역사가 얽힌 신체 부위와 화가 프리다 칼로_{Frida Kahlo}를 떠올리면 대부분의 사람들이 이내 '일자 눈썹'을 떠올릴 것이다. 그럴 만도 하다. 그녀의 자화상에서 가장 두드러진 부분인 데다 사진 속 얼굴을 압도하는 특징이기 때문이다. (실제로 칼로는 눈썹을 더 돋보이게 하려고 펜슬 아이라이너로 눈썹을 그렸다.) 일자 눈썹은 그녀의 대표적 상징이자 트레이드마크였고 화가로서 자신을 시각적으로 빠르게 각인시키는 장치였다.

이와 관련된 대표적인 사례를 살펴보자. 2018년, 프리다 칼로 바비 인형이 출시되었을 때 사회적으로 반발이 거셌다. 페미니스트 화가를 뜬금없이 비율 좋은 인형으로 바꾸어놓아서가 아니라 인형의 일자 눈썹이 자기주장이 강한 면모를 충분히 드러내지 못해서 '프리다'답지 않다는 이유에서였다. 이렇게 칭송이 자자한 일자 눈썹이지만, 칼로가 오늘날과 같은 아이콘이 되는 데 실제로 기여한 신체 부위가 아니었다면 눈썹은 알려지지 않은 채 그저 뽑지 않은 얼굴 털로 남아 있었을 것이다. 그 신체 부위는 바로 그녀의 척추다.

당시 열여덟 살이었던 칼로와 그녀의 남자친구 알렉스 고메스 아리아스는 버스를 타고 여행 중이었는데 그들이 타고 있던 버스가 그만 전차와 충돌했다. 훗날 아리아스의 말에 따르면 그 충격으로 인해 버스가 "산산조각이 났다." 그리고 그 조각들 중 하나였던 철제 난간이 칼로의 엉덩이를 뚫고 나가며 척추 세 군데에 골절상을 입혔다. 아리아스는 당시 장면을 칼로의 그림처럼 마술 같은 리얼리즘을 통해 묘사했다.

뭔가 이상한 일이 벌어졌습니다. 프리다는 완전히 알몸이었어요. 충돌 때문에 옷이 벗겨졌어요. 버스 안에 있던 어떤 사람은, 집을 페인트칠하는 사람이었던 것 같았는데, 금색 가루가 담긴 보따리를 들고 있었어요. 이 보따리가 터지면서 피를 흘리는 프리다의 몸 전체에 금가루가 내려앉았지요. 사람들은 그녀를 보고 "라 바일라리나, 라 바일라리나!(무용수다, 무용수!)"라고 외쳤어요. 피투성이가 된 붉은 몸에 내려앉은 금빛을 보고 프리다가 무용수라고 생각한 모양입니다.

초현실적으로 보였을지 모르지만 그에 따른 결과는 냉혹할 정도로 현실적이었다. 칼로는 척추 치료를 위해 온몸에 석고 깁스를 했고 3개월 동안 걷지도 서지도 못했다. (그녀는 여

프리다 칼로의 척추

섯 살 때 이와 비슷한 상황을 겪은 적이 있는데, 당시에는 소아마비에 걸려 9개월 동안 침대에 누워 있었다.) 그녀는 지루함을 물리치고 통증으로부터 주의를 분산시킬 무언가가 필요할 것 같다는 생각이 들자, 침대에 누워서도 그림을 그릴 수 있도록 특별한 이젤과 몸을 기댈 수 있는 지지대를 만들었다. 또한 침대 위쪽에 거울을 두어 언제나 그림의 주제로 삼았는데, 자기 자신을 주제로 삼는 것은 그녀 작품의 큰 특징이 되었다. 화가이자 셀피를 찍어 올리는 슈퍼스타의 원조인 프리다 칼로는 이렇게 탄생했다.

칼로는 병원 침대에서 시작해 계속 자기 모습을 캔버스에 담았다. 이는 (방법이 훨씬 더 복잡하지만) 스마트폰 이전 시대의 셀피라고 할 수 있다. 그녀는 1954년에 사망할 때까지 자화상을 55점 그렸고 이들 대부분은 자기 모습을 있는 그대로 담지 않고 초현실적으로 보이도록 덧씌우고 치장했는데, 이는 일종의 지적이고 은유적이며 정교한 스냅챗Snapchat 필터라고 할 수 있다.

사실, 칼로의 자화상은 그녀의 전체 그림 중 34%에 불과하다. 그녀는 자신이 등장하지 않는 그림도 88점이나 그렸고 평생 매우 사랑한 멕시코의 다양한 모습을 부각했다. 칼로는 멕시코의 독립을 매우 의미 있게 생각하여 자신의 생일까지 바꾸었다. 1907년에 태어났지만 사람들에게는 1910년에 태어났다고 말했다. 이는 세 살 더 젊어 보이고 싶은 허영심에 변덕을 부린 것이 아니라 그녀와 멕시코 간의 결속을 강조하기 위한 것이었다. 1910년은 멕시코가 독립 100주년을 맞이한 해였다.

하지만 대부분의 사람들이 떠올리거나 복제품으로라도 본 것은 그녀의 자화상이다. 지금 그녀의 자화상은 머그컵, 티셔츠, 밴드에이드, 키친타월 등 어디에서나 볼 수 있는데, 모두 진한 일자 눈썹 아래에서 정면을 똑바로 바라보는 형태의 자화상이다. 이처럼 프리다에 열광하는 현상은 현대에 뚜렷하게 나타났는데, 1970년대 말 그녀의 작품이 재발견되었을 때 시작된 듯하다. 그 이전까지 미술계 바깥에서 그녀는 유명한 화가로 알려지기보다 유명한 화가의 아내, 구체적으로는 디에고 리베라Diego Rivera의 아내로 알려졌다. 실제로 그녀의 부고가 실린 『뉴욕 타임스』 헤드라인은 '프리다 칼로, 화가, 디에고 리베라의 아내'였다. (칼로의 예술에 대해 겨우 몇 줄 쓰기는 했다.)

남편 디에고 리베라는 멕시코 미술계의 선두에 있었고 정치적 요소를 가미한 그림, 그중에서도 거대한 프레스코화로 유명했다. 그와 프리다의 결혼에도 이와 유사하게 정치적 요소가 있었다. (둘 다 공산주의 활동가이자 멕시코 민족주의자였다.) 또한 둘의 결혼은 복잡하기로 유명했다. 리베라는 소문난 바람둥이였고 결혼 직후부터 외도를 시작했다. 칼로 역시 남녀 가리지 않고 외도를 하여 그 나름대로 보복했는데 (그 여자들 중 일부는 리베라와 동침한 사이라고 전해진다), 계속해서 서로 한술 더 뜨려고 경쟁하는 식이 되어 버렸다. 리베라가 칼로의 여동생과 바람을 피우자 칼로는 리베라의 우상이자 소비에트 연방 혁명가 레온 트로츠키Leon Trotsky와 바람을 피웠다.

이러한 부정 행각 때문에 결국 두 사람은 결혼한 지 10년 만인 1939년에 이혼하게 되었으나 1년 만에 재결합했다. 이처럼 온갖 드라마 같은 일들이 있었음에도 불구하고 둘은 떨어져 지낼 수 없는 게 분명했다. 칼로는 이렇게 말한 적이 있었다. "내 인생에 대형 사고가 두 번 발생했어요. 하나는 전차 사고였고 다른 하나는 디에고를 만난 것이죠. 디에고는 단연코 최악이었어요." (흥미롭게도 리베라는 칼로를 '내 인생의 가장 중대한 사실'이라고 불렀다.)

그녀의 인생 한쪽을 리베라가 지배했다면, 다른 한쪽은 척추가 지배했다. 척추는 그녀에게 평생 고질적인 문제였다. 칼로는 두 번 이상 척추 수술을 받았을 뿐만 아니라 (그녀는 다리와 척추를 포함해 평생 총 30회의 수술을 받았다) 평생 깁스용 코르셋을 입었다 벗었다 했다. 그녀는 병상에 누워 회복하는 기간을 예술을 창조하는 기회로 바꾸었듯이 코르셋도 그렇게 활용했다. 그녀는 코르셋에 그림을 그리거나 틀로 찍어낸 콜라주 같은 무늬가 있는 천을 씌웠다. 그녀의 코르셋에는 전차, 원숭이, 새, 열대 식물이 섞여 있었다. 그 코르셋을 입은 칼로는 걸어 다니는 캔버스이자 인간 그림이었고 자신이 그린 자화상의 3D 버전이었다. 그리고 자화상을 통해 건강 상태를 알 수 있는 경우도 많았는데, 그중 하나인 「부서진 기둥The Broken Column」에는 그녀의 척추가 분명하게 드러나 있다.

1953년 4월, 칼로의 꿈이 마침내 실현되었다. 그녀는 멕시코에서 첫 번째 개인전을 열었다. 그녀가 자신의 성공을 즐기기 위해 개막 축하연에 직접 나타나리라고 생각한 사람은 아무도 없었다. 그녀는 의사의 명에 따라 침대에서 쉬고 있었기 때문이다. 그리고 침대 이야기가 나왔으니 하는 말인데, 참석자들은 전시회장 한가운데에 네 개의 기둥이 달린 침대가 놓여 있는 이유를 궁금해했다. 이들의 궁금증은 오래가지 않았다. 구급차 한 대가 미술관 앞에 섰고 칼로가 들것에 실려 나왔다. 대기 중인 침대에 그녀를 눕히러 가는 동안, 안에 있던 사람들이 양쪽으로 갈라졌다. 칼로는, 무적의 프리다는 그 침대에 누워서 손님과 후원자를 맞이하며 즐거운 시간을 보냈다.

프리다 칼로의 척추

역사 속의
일자 눈썹

극적인 효과를 위해 일자 눈썹을 강조한 사람은 칼로뿐만이 아니었다. 고대 그리스 여성들은 안티몬antimony이라는 짙은 회색 준금속을 이용해 양쪽 눈썹을 두껍게 그리고 하나의 눈썹으로 이어지게 했는데 이를 시노프리스 synophrys라고 불렀다. ('syn'은 '함께', 'phrys'는 '눈썹'을 뜻한다.) 일자 눈썹은 아름다움은 물론이고 지성의 상징으로 여겨졌고 고대 로마의 페트로니우스Petronius 같은 작가들은 일자 눈썹을 극찬했다. 그는 눈썹이 '눈 가까이에서 거의 만날 듯한' 여성이 이상형이라고 쓰기도 했다. (그렇다. 만난 눈썹이 아니라 만날 듯한 눈썹이다. 일자 눈썹이 아니라 일자 눈썹에 가깝게 그린 눈썹이 가장 유행했던 것 같다. 작가 아나크레온Anacreon이 자기 정부의 눈썹을 묘사할 때 '서로 만나지도 않고 떨어지지도 않았다'라고 한 것에서도 알 수 있다.) 이때부터 일자 눈썹은 여러 시대와 나라에서 유행했다가 사라지기를 반복했다. 인도에서는 일자 눈썹이 지속적으로 유행했고 (여신이나 여왕을 그린 그림을 보면 대부분 짙은 일자 눈썹이다), 눈썹과 얼굴의 다른 털들이 잘 자라지 않도록 실로 다듬는 것이 유행하던 고대 페르시아에서는 거의 볼 수 없었지만 1700년대 카자르Qajar 왕조 시대에 다시 유행했다. 유럽의 경우 이마, 특히 봉긋하게 솟은 이마를 중요하게 생각했기 때문에 일자 눈썹이 그다지 유행하지 않았다. 당시 여성들은 중세 미의 궁극적인 목표인 봉긋한 이마를 위해 눈썹을 뽑아 아주 가늘게 만들었다.

'아내'로 불린 예술가

대부분의 결혼 생활 동안 칼로가 그림을 계속 그렸음에도, 리베라는 많은 관심과 명성을 얻었다. 1932년, 두 사람은 디트로이트Detroit로 갔고 그곳에서 리베라는 산업과 관련된 프레스코화 시리즈를 그려 달라는 의뢰를 받았다. 기자들은 스물다섯 살이던 칼로에게 그녀도 화가인지 물었다. 그러자 칼로는 '세계 최고의 화가'라고 대답했다. 이 대답과 태도 덕분에 그녀는 세상의 주목······ 비슷한 것을 받았다. 『디트로이트 뉴스Detroit News』 기자는 리베라가 아니라 칼로에 대한 기사를 쓰기로 했다. 하지만 기사에서는 그녀를 '자칭 화가'라고 칭했고 "장난삼아 그린 그림은 결코 아니었다"라고 평가하며 다소 애매하게 칭찬했다. 그 기사의 제목이 무엇이었을까? '재미 삼아 그림에 손댄 거장 벽화 화가의 아내'였다. 몇 년 뒤인 1939년, 『라이프Life』 잡지에 샌프란시스코 시티 칼리지San Francisco's City College에 있는 리베라의 벽화에 관한 기사가 실렸는데, 그 기사에서는 칼로를 주제로 다루기는 했으나 디에고 리베라 부인이라고만 칭했다.

이는 예술계에 흔한 편견이었다. 동료 예술가와 결혼한 다른 여성들도 누구

누구 예술가의 부인이라는 덫에 걸렸고 이는 수년 뒤에도 마찬가지였다. 사실주의 화가 에드워드 호퍼Edward Hopper의 아내 조세핀 호퍼Josephine Hopper는 피카소나 모딜리아니Modigliani처럼 빛을 잘 다룬 성공한 화가였다. 하지만 남편의 인기가 갑자기 올라가자 그녀는 서서히 사라졌다. 이제 그녀는 남편의 그림에 등장한 여자로 더 잘 알려졌다. 1940년대와 1950년대의 추상표현주의 화가 리 크래스너Lee Krasner는 남편 잭슨 폴록Jackson Pollock의 그늘에 가려져 있었다. 그리고 사람들은 데 쿠닝de Kooning을 생각할 때 대부분 일레인Elaine이 아닌 빌럼Willem을 떠올린다. 일레인이 화가로, 특히 초상화 화가로 성공했음에도 (그녀는 JFK에게 선택받아 그의 초상화를 그리기도 했다) 데 쿠닝이라는 이름에서 가장 먼저 떠올리는 인물은 아니었다.

물론 칼로의 경우에는 시간이 흐르면서 힘의 균형이 바뀌었다. 이제 대중은 그녀에 대해 더 많이 이야기한다. 디에고 리베라와 빼닮은 얼굴을 넣은 물건으로 세계 기록을 세우려는 시도도 없었다. 디에고 리베라 스니커즈, 시계, 화분 같은 것도 없고 「디에고」라는 제목의 영화도 없다. 실제로 최근에 이들 부부의 전시회를 담당한 큐레이터는 관객들에게 소개가 필요한 사람은 칼로가 아니라 디에고라고 말했다.

27.

앨런 셰퍼드의 방광

특대, 거대, 믿기지 않는 크기

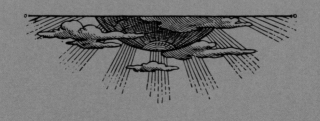

1923~1998년

1961년, 미국 항공 우주국NASA(나사)의 생명과학 프로그램 사무소Office of Life Science Programs에서 일하던 프리먼 큄비Freeman H. Quimby 박사는 "최초의 우주인은 화장실에 갈 필요가 없을 것으로 예상한다"라고 단언했다. 어쨌든 우주로 간 최초의 미국 우주비행사 앨런 셰퍼드Alan Shepard의 비행은 15분만 지속될 예정이었다. 그러니까 문제가 없지 않은가?

꼭 그렇지는 않았다. 나사는 이륙하기 **전의** 시간을 계산하지 않았다. 발사가 지연되는 바람에 셰퍼드는 우주복을 입은 채 여덟 시간 동안 캡슐 콘에 앉아 있어야 했고 그사이 방광이 가득 차버렸다. 큄비 박사의 자신 있는 선언에도 불구하고 셰퍼드는 **정말, 정말** '화장실에 가고' 싶었다. 그리고 여기에서 끊임없이 되풀이되는 문제가 또 발생한다. 신체의 노폐물을 배설하는 것에 대한 문제가 아니라 우주선 캡슐에서 참을성 있게 기다리는 앨런 셰퍼드의 방광 같은 사례처럼 일반적인 인간에 관한 문제, 다시 말해 우리가 무언가를 계획할 때 자주 무시하는 지극히 인간적인 몸이라는 필요조건에 관한 문제다.

더 이상 참을 수 없게 된 셰퍼드는 급박한 소변 문제를 나사에 알렸다. 그래서 어떻게 되었을까? 셰퍼드는 캡슐 좌석에 묶인 채 그대로 있으라는 말을 또렷하게 들었다. 그래서 그는 우주 비행 관제 센터Mission Control에 그 자리에서 우주복을 입은 채 실례해도 되겠느냐고 물었고 정식으로 허락을 받았다. 셰퍼드는 그렇게까지 나쁘지는 않았다고 회상했다. "당연히 입고 있던 면 속옷은 금세 흠뻑 젖었습니다. 발사 시점에는 완전히 말랐어요." 하지만 과학적으로는 문제가 되었다. 비행하는 동안 그의 생리적 반응을 추적할 목적으로 장착한 의료 센서의 전력 시스템이 소변 때문에 합선되었던 것이다.

셰퍼드의 방광은 남성들이 (나중에는 여성들까지) 우주에 체류하는 것과 관련해 중요한 문제를 제기했다. 저 높은 하늘에서 배설물 배출을 비롯해 불가피한 신체 작용을 어떻게 처리할 수 있을까? 별로 재미있는 이야기는 아니지만 변기 같은 유용한 장비를 잘 갖춘, 익숙한 지상의 집을 떠날 때 직면하게 되는 큰 문제 중 하나다.

하지만 가장 중요한 일을 제일 먼저 해야 하는 법이다. 문제가 있었던 (하지만 다른 면에서는 성공적이었던) 셰퍼드의 비행 이후에 나사는 우주복을 입은 채 소변을 보는 긴급한 문제를 연구하기 시작했다. 우리는 역사의 뒤안길을 파헤치는 동안 이 문제를 보다 광범위하게 논의하게 되었다. 역사적으로, 일하는 중에 옷을 입고 소변을 보는 것이 인간에게 특별히 심각한 문제로 닥친 적은 없었으나, 특정한 순간에는 문제가 되었던 것도 같다. 15세기와 16세기 초에 빛나는 갑옷을, 그중에서도 판금 갑옷을 입은 기사들에게는 분명 문제였다.

갑옷을 입고 전쟁에 나간 가사들은 적의 투석기와 화살로부터 몸을 보호할 수 있었다. 하지만 때로는 전투의 열기가 한창인 와중에도 신호가 왔다. 그때, 말하자면 갑옷 안에 든 통조림 상태인 기사 양반이 무엇을 할 수 있었을까? 다행히 판금 갑옷은 우주복처럼 온몸을 꽁꽁 감싸지는 않았다. 기사는 말을 효율적이고 편안하게 탈 수 있어야 했기 때문에 갑옷은 금속으로 만든 일체형 점프 슈트 형태가 아니었다. 실제로 갑옷은 여러 조각으로 만들어졌는데, 주로 투구, 흉갑, 장갑, 강철 다리판, 푹신한 엉덩이판으로 구성되었고 작은 쇠사슬로 엮인 속바지를 포함하는 경우도 있었다. 그리고 아랫도리를 보호하기 위해 (대부분 갑옷과 연결된) 쇠사슬 치마를 입기도 했는데, 이 치마는 허리부터 골반까지 덮는 폴드fauld와 엉덩이를 덮는 큘렛culet으로 구성되었다. 따라서 기사는 (이론적으로는) 캔 따개 없이도 갑옷을 벗을 수 있었다.

단점이라면 그게 쉽지만은 않았다는 것이다. 금속 장갑이 갑옷에 연결되어 있었지만 치마를 들어 올리는 정도는 할 수 있었는데, 그 과정이 어설프고 힘들었다. (아무도 부러워하지 않을 일을 맡았던 불쌍한 갑옷 담당 종자arming squire. 그는 어느 쪽으로의 배설이 필요한지에 따라 기사의 폴드나 큘렛을 들어 올려 배설을 도왔고 기사가 전투 도중 잠시 멈추고 볼일을 볼 수 없는 경우에는 물을 아끼기 위해 주로 모래, 식초, 소변으로 갑옷을 닦는 썩 유쾌하지 않은 일을 했다.) 여기에서 더 중요한 사실은, 현대에 갑옷을 입어본 사람들도 언급했듯이, 갑옷을 입고 있으면 더웠다는 것이다. 그래서 소변이 될 수 있는 것들의 대부분은 땀으로 배출되었다. 그럼에도 소변을 보아야 했다면 앨런 셰퍼드처럼 했을 테고 그의 경우와 마찬가지로 상당량이 흡수되었을 텐데, 기사들의 경우에는 갑옷 안에 입은 두꺼운 충전재에 옷 안에 흡수되었을 것이다. 물론 이는 대부분 추측이다. 당시에 신체 노폐물을 어떻게 배출했는지에 대해서는 기록이 거의 없다. 그리고 기사를 다룬 연대기 작가들은 이런 것들이 아니라 기사도와 관련된 행동에 초점을 맞추고 싶어 했다.

그리고 20세기 중반에도, 우주 시대의 노폐물 배출에 대한 문서상의 증거에 이와 비슷하게 누락된 부분이 있다. (그나마 출간된 일부 연구 결과는 지나친 완곡어법을 사용했다. 예를 들어 해당 시기에 이 주제를 다룬 영국 연구 논문에는 남성의 '소변 배출관'을 불침투성 덮개로 감싼다고 언급했다. 우리도 마찬가지지만 현대 과학에서는 이를 음경이라고 부른다.) 하지만 셰퍼드 이후에 비행한 우주비행사 거스 그리섬 Gus Grissom 에게 소변 저장소가 장착된 우주복이 지급되었다는 사실은 분명하다. 그 저장소는 제 역할을 잘했으나 약간 답답한 느낌이었고 일부 우주비행사는 누수와 피부 발진을 불평하기도 했다. (그리섬

앨런 셰퍼드의 방광

은 소변 배출량을 줄이기 위해 비행하는 날 아침에 커피도 마시지 않았다.) 존 글렌John Glenn이 우주에 나갈 무렵에는 '롤 온 커프스roll-on cuffs'라는, 콘돔을 변형하여 만든 외부 카테터를 활용하여 소변 저장이 한결 수월해졌다. 공학자들은 상점에서 수많은 상표의 콘돔을 구입하여 시험한 끝에 새지 않는 콘돔을 찾아냈고, 제조사에서는 더 튼튼한 콘돔을 제작했다. 물론 일반 콘돔과 달리 이 콘돔은 끝에 구멍이 뚫려 있고 꽉 맞는 우주복에 고정된 보관 주머니에 길게 연결되었다. 일부 자료에 따르면, 나사는 콘돔으로 만든 덮개를 대, 중, 소, 세 가지 크기로 제작했다. 예상하는 바와 같이 모든 우주비행사들이 대형 덮개를 신청하자 나사는 한술 더 떠서 덮개 크기를 '특대, 거대, 믿기지 않는'으로 바꾸었다.

하지만 모든 것이 기대처럼 간단하게 진행되지는 않았다. 글렌이 우주에 다녀온 뒤로, 특히 그 뒤에 이어진 우주 비행을 통해 과학자들은 인간의 몸과 이를 지배하는 정신이 우주에 적응하는 특별한 과정이 필요하다는 것을 깨닫기 시작했다. 예컨대 글렌은 첫 번째 비행에서 너무 늦게까지 소변을 보지 못한 듯했다. 대개 인간은 방광의 3분의 1이 찼을 때 화장실에 가고 싶다는 생각이 든다. 3분의 2가 차면 이제 정말 가야겠다는 느낌이 들고 그 이후에는 통증과 극심한 불편감을 느끼기 시작한다. 우주비행사 글렌은 방광이 꽉 차고도 넘쳤는데도 화장실에 가고 싶다고 느끼지 못한 것 같았다. 문제는 중력이었다. 중력이 없는 상태에서는 소변이 방광 바닥에 고이지 못해서 화장실에 가고 싶은 느낌이 강하게 들지 않는다. 하지만 소변이 방광 안에 예정보다 너무 오래 머물면 압력 때문에 방광 괄약근 판막이 손상되어 영구적으로 요실금이 생길 수 있다.

그렇다면 여성 우주비행사들은 어땠을까? 그보다 먼저, 나사는 여성 혐오를 극복해야 했다. 1962년, 나사 당국은 '신체적 특성' 때문에 여성은 우주에 적합하지 않다고 말하며, 우주 비행을 위한 신체검사에서 실제로는 남성이 56%의 성공률을 보인 데 비해 여성의 성공률은 68%였다는 시험 결과를 무시했다. 그리고 1964년 보고서에서는 '기질적으로 신체의 생리적 신호가 정신에 영향을 미칠 수 있는 사람과 복잡한 기계를 서로 맞추는 일의 난해함'에 대해 언급했다. (그러니까……월경 전 증후군에 대한 언급이다.) 여성들이 우주선에 탑승하게 되자 새로운 소변 보관 시스템을 개발해야 했다. 그리하여, 요점만 말하자면, 우주 시대의 기저귀라고 할 수 있는 최대 흡수성 의복Maximum Absorbency Garment이 탄생했고 이는 곧 남성에게도 적용되었다.

대변과 관련해서는 예상대로 더 지저분해진다. 나사의 '분변 격납 시스템'이 언제나 제 역할을 하고 근사한 이름값을 한 것은 아니었다. 나사에서도 인정했지만 이것은 '매우 기초적인 시스템'이었는데, 쉽게 말해 엉덩이에 비닐봉지를 부착하고 우주비행사들이 우주복 뒤쪽의 덮개를 열어 편하게 손이 닿을 수 있도록 만든 것이었다. (우주선 내에 화장지를 사용할 수 있는 특별한 칸도 있었다.) 많은 독자들이 '이것까지는 생

앨런 셰퍼드의 방광

각하고 싶지 않다'고 할 수 있는 부분이기 때문에 미리 경고하고 이야기하자면, 중력이 없기 때문에 예상치 못한 일이 발생하여 배변할 때 도움이 필요했는데, 주로 손으로 변을 자르거나 꼭 집는 방식이었다. 배변 주머니 옆에는 우주비행사들이 손을 더럽히지 않도록 손가락 덮개가 달려 있었다. 배변에 걸리는 시간은 총 45분 정도였다. (우주에서 665일을 보낸) 우주비행사 페기 위트슨Peggy Whitson에 따르면, 이것은 무중력 상태에서 가장 하기 싫은 일이었다. 당연히 비좁은 숙소에 냄새가 날 수도 있었다. 그리고 가끔은 새어 나가기도 했는데, 이 때문에 **아폴로 10호**Apollo 10에 탑승한 우주비행사 톰 스태포드Tom Stafford가 1969년에 그 유명한 말을 남기게 되었다. "빨리 냅킨 좀 가져와. 똥이 떠다니고 있어."

배변 활동에서 재빨리 화제를 전환하여 마지막으로 한마디 하겠다. 인류가 실제로 별에 (앨런 셰퍼드의 경우에는 이보다 약간 낮은 이온층에) 도달할 수 있다 해도, 우리에게 저마다 고유한 행동 지침과 **요구**가 있는 몸이 있다는 사실에서는 여전히 벗어날 수 없다. 비록 그것이 보잘것없는 방광일지라도.

달에서 오줌을 눈
최초의 인간

두 번째로 달에 간 사람인 버즈 올드린Buzz Aldrin은 자신이 달에서 오줌을 눈 최초의 인간이라고 자랑스럽게 으스대도 좋다. (실제로 그렇기 때문에.) 이 좋다고만은 할 수 없는 영예는 계획된 것이 아니었다. 국립 항공 우주 박물관 National Air and Space Museum의 우주 역사국Space History Department 소속 큐레이터 티젤 뮤어-하모니Teasel Muir-Harmony는 다음과 같이 설명했다. "올드린이 달 착륙선을 착륙시킬 때 아주 부드럽게 내려앉았기 때문에 달 표면에 닿을 때 압축되도록 설계된 다리가 제대로 작동하지 않았습니다." 그래서 올드린은 착륙선에서 달 표면으로 조심스레 한발 내딛는 대신에 뛰어내릴 수밖에 없었고, 착지할 때의 충격 때문에 소변 보관 장치가 고장 났다. "그래서 소변이 예정된 곳으로 가서 모이지 않고 그의 부츠에 고이고 말았습니다. 올드린이 달 표면을 걸어 다닐 때 찰박거리면서 다닌 셈이지요."

우주에서의 월경

1983년, 우주비행사 샐리 라이드Sally Ride가 첫 번째 우주 비행을 떠나기 직전에 나사의 공학자들은 (모두 남성으로 추정된다) "일주일 동안 임무를 수행하는 데 탐폰이 몇 개나 필요할까?"라는 매우 기본적인 질문을 던졌다. "100개 정도면 괜찮을까요?" 이들이 순진하게 물었다. "아니요." 샐리가 차분하게 대답했다. "괜찮지 않습니다." (참고: 월경 기간 1회당 사용하는 탐폰의 개수는 평균 20개다.)

탐폰의 개수는 사소한 문제였다. 앞서 소변을 이야기할 때 무중력 상태에서 예상치 못한 문제가 발생했듯이, (남성) 과학자들은 생리혈이 복부로 역류하여 문제를 일으키지 않을까 우려했지만 여성 우주비행사들은 그렇지 않을 것이라고 확신했다. 이들이 옳았다. 다른 여러 생리 기능과 달리, 월경은 우주 비행에 전혀 영향받지 않는 것 같았고 본질적으로 지상과 똑같았다. 물론 월경은 지상에서도 문제를 일으킬 수 있다. 그렇기에 많은 여성들이 피임약을 복용하거나 자궁 내 장치를 삽입하는 것이다.

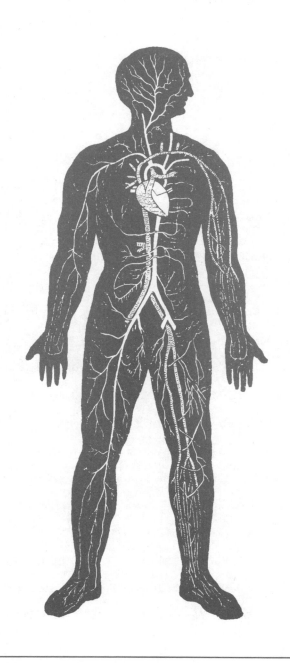

피레네 산맥에서 발견된 구석기 시대 여성의 손

Basedow, H. *Knights of the Boomerang*. Sydney, Australia: The Endeavour Press, 1935.

Dobrez, P. "Hand Traces: Technical Aspects of Positive and Negative Hand-Marking in Rock Art." *Arts* 3, no. 4 (2014): 367–393. https://doi.org/10.3390/arts3040367.

Groenen, M. "Les représentations de mains négatives dans les grottes de Gargas et de Tibiran (Hautes-Pyrénées). Approche méthodologique." *Bulletin de la Société Royale Belge d'Anthropologie et de Préhistoire* 99 (1988): 81–113.

Gross, C. G., C. E. Rocha-Miranda, and D. B. Bender. "Visual Properties of Neurons in Inferotemporal Cortex of the Macaque." *Journal of Neurophysiology* 35 (1972): 96–111.

Leroi-Gourhan, A. *The Art of Prehistoric Man in Western Europe.* London: Thames & Hudson, 1967.

Petrides, M., and D. N. Pandya. "Distinct Parietal and Temporal Pathways to the Homologues of Broca's Area in the Monkey." *PLoS Biology* 7, no. 8 (2009): e1000170. https://doi.org/10.1371/journal.pbio.1000170.

Romano, M., et al. "A Multidisciplinary Approach to a Unique Paleolithic Human Ichnological Record from Italy (Bàsura Cave)." *eLife Sciences* 8 (2019): e45204. doi: 10.7554/eLife.45204.

"Science Notes: Paleolithic Cave Art and Uranium-Thorium Dating." *Current Archeology*, April 24, 2018. https://archaeology.co.uk/articles/sciencenotes/science-notes-palaeolithic-cave-art-and-uranium-thorium-dating.htm.

핫셉수트 여왕의 턱수염

Cooney, K. *The Woman Who Would be King.* New York: Oneworld Publications, 2015.

Izadi, E. "A New Discovery Sheds Light on Ancient Egypt's Most Successful Female Pharaoh." *Washington Post*, April 23, 2016.

https://www.washingtonpost.com/news/worldviews/wp/2016/
04/23/a-new-discovery-sheds-light-on-ancient-egypts-
most-successful-female-pharaoh/?noredirect=on&utm_
term=.953365a29387.

Mertz, B. *Temples, Tombs and Hieroglyphs: The Story of Egyptology*.
New York: Harper Collins, 2007.

Robins, G. "The Names of Hatshepsut as King." *The Journal of
Egyptian Archaeology* 85 (1999): 103 – 112.

Tyldesley, J. *Hatchepsut: The Female Pharaoh*. London: Penguin
Books Ltd., 1998.

Wilford, J. N. "Tooth May Have Solved Mummy Mystery." *New
York Times*, June 27, 2007.

https://www.nytimes.com/2007/06/27/world/
middleeast/27mummy.html.

Wilson, E. B. "The Queen Who Would Be King." *Smithsonian
Magazine*, September 2006.

https://www.smithsonianmag.com/history/ the-queen-who-
would-be-king-130328511.

제우스의 음경

Aristotle. *Generation of Animals*. Translated by A. L. Peck. Loeb Classical Library 366. Cambridge, MA: Harvard University Press, 1942.

Chrystal, P. *In Bed with the Ancient Greeks*. Stroud, UK: Amberley Publishing, 2016.

Hubbard, T. K. *Homosexuality in Greece and Rome: A Sourcebook of Basic Documents*. Berkeley: University of California Press, 2003.

Jenkins, I. *Defining Beauty: The Body in Ancient Greek Art*. London: British Museum Press, 2015.

McNiven, T. J. "The Unheroic Penis: Otherness Exposed." *Notes in the History of Art* 15, no. 1 (1995): 10 – 16. https://www.jstor.org/stable/23205709.

North, H. F. "The Concept of Sophrosyne in Greek Literary Criticism." *North Classical Philology* 43, no. 1 (1948): 1 – 17.

클레오파트라의 코

Ahmed, E. M., and W. F. Ibrahim. "Hellenistic Heads of Queen

Cleopatra VII." *Journal of Tourism, Hotels and Heritage* 1, no. 2, (2020): 30 – 39. https://sjs. journals.ekb.eg/article_125082_3 5e077628922bdab4ad39c8049716aca.pdf.

Ashton, S. A. "Ptolemaic Royal Sculpture from Egypt: The Greek and Egyptian Traditions and Their Interaction." Doctoral dissertation, University of London, 1999.

Bianchi, R. S., et. al. *Cleopatra's Egypt: Age of the Ptolemies.* New York: The Brooklyn Museum, 1988.

"Cleopatra and Egypt." Humanities Department, Macquarie University. http://www.humanities.mq.edu.au/acans/caesar/ CivilWars_Cleopatra.htm.

Kleiner, D. E. E. *Cleopatra and Rome.* Cambridge, MA: Harvard University Press, 2009.

Pascal, B. *Pensées.* London: Penguin Books Ltd., 2003.

Walker, S., and P. Higgs, eds. *Cleopatra of Egypt: From History to Myth.* London: British Museum Press, 2001.

Walker, S. "Cleopatra in Pompeii?" *Papers of the British School at Rome* 76 (2008): 35 – 46, 345 – 348.

찌에우 티 찐의 가슴

Dasen, V. "Pobaskania: Amulets and Magic in Antiquity." In *The Materiality of Magic*, edited by D. Boschung and J. N. Bremmer, 177–204. Cologne, Germany: Internationales Kolleg Morphomata, 2015.

Gilbert, M. J. "When Heroism Is Not Enough: Three Women Warriors of Vietnam, Their Historians and World History." *World History Connected*, June 2007. https://worldhistoryconnected.press.uillinois.edu/4.3/gilbert.html.

Johns, C. *Sex or Symbol? Erotic Images of Greece and Rome.* London: British Museum Press, 1982.

Jones, D. E. *Women Warriors: A History.* London: Brassey's Military Books, 1997.

Kim, T. T. *Việt Nam sử lược (A Brief History of Vietnam).* Hanoi: Nhàxuất bản Văn Học, 2018.

Le, P. H., ed. *Complete Annals of Great Viet.* Hanoi: Khoa học xã hội, 1998.

Marr, D. G. *Vietnamese Tradition on Trial, 1920–1945.* Berkeley: University of California Press, 1984.

Ngọc, H. *Viet Nam: Tradition and Change.* Athens, OH: Ohio University Press, 2016.

Nguyễn, K. V. *Vietnam: A Long History*. Hanoi: Gioi Publishers, 2002.

Silver, C. "Romans Used to Ward Off Sickness with Flying Penis Amulets." *Atlas Obscura*, December 28, 2016. https://www.atlasobscura.com/articles/romans-used-to-ward-off-sickness-with-flying-penis-amulets.

Taylor, K. W. *The Birth of Vietnam*. Berkeley: University of California Press, 1983.

Williams, C. A. *Roman Homosexuality: Ideologies of Masculinity in Classical Antiquity*. New York: City University of New York, 1999.

성 커스버트의 손톱

Battiscombe, C. F., ed. *The Relics of Saint Cuthbert*. Oxford: Oxford University Press, 1956.

Bede. *The Life and Miracles of St. Cuthbert, Bishop of Lindesfarne (721)*. https://sourcebooks.fordham.edu/basis/bede-cuthbert.asp.

Biggs, S. J. "A Menagerie of Miracles: The Illustrated Life of St Cuthbert." *Medieval Manuscripts blog, British Library*, January 30, 2013. https://britishlibrary.typepad.co.uk/

digitisedmanuscripts/2013/01/ a-menagerie-of-miracles-the-illustrated-life-of-st-cuthbert.html.

Boehm, B. D. "Relics and Reliquaries in Medieval Christianity." Department of Medieval Art and The Cloisters, The Metropolitan Museum of Art, 2011. https://www.metmuseum.org/toah/hd/relc/hd_relc.htm.

Colgrave, B., ed. and trans. *Two Lives of Saint Cuthbert: A Life by an Anonymous Monk of Lindisfarne and Bede's Prose Life*. New York: Greenwood Press, 1969.

Cronyn, J. M., and C. V. Horie. *St. Cuthbert's Coffin*. Durham, UK: Dean and Chapter of Durham Cathedral, 1985.

Gayford, M. "Treasures of Heaven: Saints, Relics, and Devotion in Medieval Europe, British Museum." *The Telegraph*, June 10, 2011.

https://www.telegraph.co.uk/culture/art/8565805/Treasures-of-Heaven-Saints- Relics-and-Devotion-in-Medieval-Europe-British-Museum.html.

The Slaves of the Immaculate Heart of Mary. "The Finding of the Tongue of Saint Anthony of Padua (1263)." Catholicism.org, February 15, 2000.

https://catholicism.org/ the-finding-of-the-tongue-of-saint-anthony-of-padua-1263.html.

쇼크 부인의 혀

Munson, J., V. Amati, M. Collard, and M. J. Macri. "Classic Maya Bloodletting and the Cultural Evolution of Religious Rituals: Quantifying Patterns of Variation in Hieroglyphic Texts." *PLoS One*, September 25, 2014. https://doi.org/10.1371/journal.pone.0107982.

Schele, L., and M. E. Miller. *Blood of Kings: Dynasty and Ritual in Maya Art.* New York: George Braziller, 1992.

Steiger, K. R. *Crosses, Flowers, and Toads: Classic Maya Bloodletting Iconography in Yaxchilan Lintels 24, 25, and 26.* Provo, UT: Brigham Young University, 2010.

알 마아리의 눈

Bosker, M., E. Buringh, and J. L. van Zanden. "From Baghdad to London: Unraveling Urban Development in Europe, the Middle East, and North Africa, 800 – 1800." *The Review of Economics and Statistics* 95, no. 4 (2013): 1418 – 1437.

Margoliouth, D. S. "Abu 'l-'Ala al-Ma'arri's Correspondence on Vegetarianism." *Journal of the Royal Asiatic Society* (1902): 289.

Margoliouth, D. S. *Anecdota Oxoniensia: The Letters of Abu 'l-Ala of Ma'arrat.* Oxford, UK: Clarendon Press, 1898.

Rihani, A. *The Luzumiyat of Abu'l-Ala: Selected from His Luzum ma la Yalzam.* New York: James T. White, 1920.

"Syrian Poet Al-Ma'arri: Through the Lens of Disability Studies." Arablit.org, March 24, 2015. https://arablit.org/2015/03/24/ syrian-poet-al-maarri-through-the-lens-of-disability- studies.

티무르의 다리

De Clavijo, G. *Embassy to Tamerlane, 1403–1406.* London: G. Routledge & Sons, 1928.

Froggatt, P. "The Albinism of Timur, Zal, and Edward The Confessor." *Medical History* 6, no. 4 (1962): 328 – 342. doi: 10.1017/s0025727300027666.

Gerasimoc, M. M. *The Face Finder.* London: Hutchinsons, 1971.

Manz, B. F. *The Rise and Rule of Tamerlane.* Cambridge, UK: Cambridge University Press, 1989.

Manz, B. F. "Tamerlane's Career and Its Uses." *Journal of World History* 13, no. 1 (2002): 1 – 25. http://www.jstor.org/

stable/20078942.

Quinn, S. A. "Notes on Timurid Legitimacy in Three Safavid Chronicles." *Iranian Studies* 31, no. 2 (2007): 149 – 158. doi: 10.1080/00210869808701902.

Sela, R. *The Legendary Biographies of Tamerlane: Islam and Heroic Apocrypha in Central Asia.* New York: Cambridge University Press, 2011.

리처드 3세의 등

Appleby, J., et al. "The Scoliosis of Richard III, Last Plantagenet King of England: Diagnosis and Clinical Significance." *Lancet* 383, no. 9932 (2014): 19 – 44. https://doi.org/10.1016/S0140-6736(14)60762-5.

Barras, C. "Teen Growth Spurt Left Richard III with Crooked Spine." *New Scientist*, May 29, 2014. https://www.newscientist.com/article/ dn25651-teen-growth-spurt-left-richard-iii-with-crooked-spine.

Chappell, B. "Richard III: Not the Hunchback We Thought He Was?" *The Two Way*, NPR.org, May 30, 2014. https://www.npr.org/sections/thetwo-way/2014/05/30/

317363287/ richard-iii-not-the-hunchback-we-thought-he-was.

Cunningham, S. *Richard III: A Royal Enigma.* London: Bloomsbury Academic, 2003.

Lund, M. A. "Richard's Back: Death, Scoliosis and Myth Making." *Medical Humanities* 41 (2015): 89 – 94.

Metzler, I. *A Social History of Disability in the Middle Ages.* London: Routledge, 2013.

More, T. *The History of King Richard the Thirde (1513), in Workes.* London: John Cawod, John Waly, and Richarde Tottell, 1557.

Rainolde, R. *The Foundacion of Rhetorike.* London: Ihon Kingston, 1563.

Rous, J. "Historia Regum Angliae (1486)." In *Richard III and His Early Historians, 1483-1535*, edited by T. Hearne. Oxford: Clarendon Press, 1975.

Shakespeare, W. "2 Henry VI (1590 – 91)." In *The Riverside Shakespeare*, 2nd ed., edited by G. Blakemore Evans and J. J. M. Tobin. Boston: Houghton Mifflin, 1997.

Shakespeare, W. "3 Henry VI (1590 – 91)." In *The Riverside Shakespeare*, 2nd ed., edited by G. Blakemore Evans and J. J. M. Tobin. Boston: Houghton Mifflin, 1997.

Shakespeare, W. "Richard III (1592-93)." In *The Riverside*

Shakespeare, 2nd ed., edited by G. Blakemore Evans and J. J. M. Tobin. Boston: Houghton Mifflin, 1997.

Vergil, P. *English History* (1512 – 13). London: J. B. Nichols and Son, 1844.

마르틴 루터의 장

BBC News. "Luther's Lavatory Thrills Experts." BBC News, October 22, 2004. http://news.bbc.co.uk/2/hi/europe/3944549.stm.

Leppin, V. *Martin Luther: A Late Medieval Life*. Grand Rapids, MI: Baker Publishing Group, 2017.

Munk, L. "A Little Shit of a Man." *The European Legacy* 5, no. 5 (2010): 725 – 727. doi: 10.1080/713665526.

Oberman, H. "Teufelsdreck: Eschatology and Scatology in the 'Old' Luther." *The Sixteenth Century Journal* 19, no. 3 (1988): 435 – 450.

Oberman, H. *Luther: Man Between God and the Devil*. New Haven, CT: Yale University Press, 1989.

Roper, L. *Martin Luther: Renegade and Prophet*. New York: Random House, 2017.

Rupp. E. G. "John Osborne and the Historical Luther." *The Expository Times* 73, no. 5 (1962): 147 – 151. doi:10.1177/001 452466207300505.

Simon, E. *Printed in Utopia: The Renaissance's Radicalism.* Ropley, UK: John Hunt Publishing, 2020.

Skjelver, Danielle Meade. "German Hercules: The Impact of Scatology on the Image of Martin Luther as a Man, 1483-1546." University of Maryland University College. 1-54.

Wetzel, A., ed. *Radicalism and Dissent in the World of Protestant Reform.* Göttingen: Vandenhoeck & Ruprecht, 2017.

앤 불린의 심장

Angell, C. *Heart Burial.* London: Allen and Unwin, 1933.

Bagliani, A. P. "The Corpse in the Middle Ages: The Problem of the Division of the Body." In *The Medieval World*, edited by P. Linehan and J. L. Nelson, 328 – 330. New York: Routledge, 2001.

Bain, F. E. *Dismemberment in the Medieval and Early Modern English Imaginary: The Performance of Difference.* Kalamazoo, MI: Medieval Institute Publications, 2020.

Brown, E. A. R. "Death and the Human Body in the Late Middle Ages: The Legislation of Boniface VIII on the Division of the Corpse." *Viator* 12 (1981): 221–270.

Foreman, A. "Burying the Body in One Place and the Heart in Another." *Wall Street Journal*, October 31, 2014. https://www.wsj.com/articles/burying-the-body-in-one-place-and-the-heart-in-another-1414779035.

Meier, A. "Bury My Heart Apart from Me: The History of Heart Burial." *Atlas Obscura*, February 14, 2014. https://www.atlasobscura.com/articles/heart-burial.

Park, K. "The Life of the Corpse: Division and Dissection in Late Medieval Europe." *Journal of the History of Medicine and Allied Sciences* 50, no. 1 (1995): 111–132. https://doi.org/10.1093/jhmas/50.1.111.

Rebay-Salisbury, K., M. L. Stig Sorensen, and J. Hughes, eds. *Body Parts and Bodies Whole* (Studies in Funerary Archaeology). Oxford, UK: Oxbow Books, 2010.

Weiss-Krejci, E. "Restless Corpses: 'Secondary Burial' in the Babenberg and Habsburg Dynasties." *Antiquity* 75, no. 290 (2001): 769–780.

찰스1세와 올리버 크롬웰의 머리

Clymer, L. "Cromwell's Head and Milton's Hair: Corpse Theory in Spectacular Bodies of the Interregnum." *The Eighteenth Century* 40, no. 2 (1999): 91 – 112.

Meyers, J. "Invitation to a Beheading." *Law and Literature* 25, no. 2 (2013): 268 – 285.

Preston, P. S. "The Severed Head of Charles I of England Its Use as a Political Stimulus." *Winterthur Portfolio* 6 (1970): 1 – 13. https://www.journals. uchicago.edu/doi/abs/10.1086/495793?journalCode=wp.

Sauer, E. "Milton and the Stage–Work of Charles I." *Prose Studies* 23, no. 1 (2008): 121 – 146. doi: 10.1080/01440350008586698.

Skerpan–Wheeler, E. "The First 'Royal': Charles I as Celebrity." *Publications of the Modern Language Association of America* 126, no. 4 (2020): 912 – 934. doi: 10.1632/pmla.2011.126.4.912.

카를로스 2세의 합스부르크 턱

Alvarez, G., et al. "The Role of Inbreeding in the Extinction of a European Royal Dynasty." *PloS One* 4, no. 4 (2009): e5174.

doi: 10.1371/journal.pone.0005174.

Dominguez Ortiz, A. *The Golden Age of Spain*, 1516 – 1659. Oxford, UK: Oxford University Press, 1971.

Edwards, J. *The Spain of the Catholic Monarchs*, 1474 – 1520. New York: Blackwell, 2000.

Parker, G. *Emperor: A New Life of Charles V.* New Haven, CT: Yale University Press, 2019.

Saplakoglu, Y. "Inbreeding Caused the Distinctive 'Habsburg Jaw' of 17th Century Royals That Ruled Europe." *Live Science*, December 2, 2019. https://www.livescience.com/habsburg-jaw-inbreeding.html.

Thompson, E. M., and R. M. Winter. "Another Family with the 'Habsburg Jaw.'" *Journal of Medical Genetics* 25, no. 12 (1988): 838 – 842. doi: 10.1136/jmg.25.12.838.

Thulin, L. "The Distinctive 'Habsburg Jaw' Was Likely the Result of the Royal Family's Inbreeding." *Smithsonian Magazine*, December 4, 2019.

https://www.smithsonianmag.com/smart-news/distinctive-habsburg-jaw-was-likely-result-royal-familys-inbreeding-180973688.

Yong, E. "How Inbreeding Killed Off a Line of kings." *National Geographic*, April 14, 2009.

https://www.nationalgeographic.com/science/article/ how-inbreeding-killed-off-a-line-of-kings.

조지 워싱턴의 의치

Coard, M. "George Washington's Teeth 'Yanked' from Slaves' Mouths." *The Philadelphia Tribune*, February 17, 2020. https://www.phillytrib.com/commentary/michaelcoard/coard-george-washington-s-teeth-yanked-from-slaves-mouths/ article_27b78ce6-dace-563c-a170-34f02626d7e5.html.

Dorr, L. "Presidential False Teeth: The Myth of George Washington's Dentures, Debunked." *Dental Products Report*, June 30, 2015. https://www.dentalproductsreport.com/ view/ presidential-false-teeth-myth-george-washingtons-dentures-debunked.

Gehred, K. "Did George Washington's False Teeth Come from His Slaves?: A Look at the Evidence, the Responses to That Evidence, and the Limitations of History." *Washington Papers*, October 19, 2016. https://washingtonpapers.org/george-washingtons-false-teeth-come-slaves-look-evidence-responses-evidence-limitations-history.

"George Washington and Teeth from Enslaved People."
Washington Library. https://www.mountvernon.org/george-
washington/health/ washingtons-teeth/george-washington-
and-slave-teeth.

"History of Dentures – Invention of Dentures." History of
Dentistry, 2021. http://www.historyofdentistry.net/
dentistry-history/history-of-dentures.

Thacker, B. "Disease in the Revolutionary War." Washington
Library. https://www.mountvernon.org/library/
digitalhistory/digital-encyclopedia/ article/disease-in-the-
revolutionary-war.

Wiencek, H. *An Imperfect God: George Washington, His Slaves, and
the Creation of America*. New York: Farrar, Straus and Giroux,
2004.

베네딕트 아널드의 다리

Brandt, C. *The Man in the Mirror: A Life of Benedict Arnold*. New
York: Random House, 1994.

Flexner, J. T. *The Traitor and the Spy: Benedict Arnold and John André*.
New York: Harcourt Brace, 1953.

Grant-Costa, P. "Benedict Arnold's Heroic Leg." *Yale Campus Press*, September 17, 2014. https://campuspress.yale.edu/yipp/benedict-arnolds-heroic-leg.

Martin, J. K. *Benedict Arnold: Revolutionary Hero (An American Warrior Reconsidered)*. New York: New York University Press, 1997.

Randall, W. S. *Benedict Arnold: Patriot and Traitor.* New York: William Morrow Inc., 1990.

Seven, J. "Why Did Benedict Arnold Betray America?" *History*, July 17, 2018. https://www.history.com/news/why-did-benedict-arnold-betray-america.

마라의 피부

Conner, C. D. *Jean Paul Marat: Tribune of the French Revolution.* London: Pluto Press, 2012.

Glover, M. "Great Works: The Death of Marat, by Jacques-Louis David (1793)." *The Independent,* January 3, 2014. https://www.independent.co.uk/arts-entertainment/art/great-works/ great-works-death-marat-jacques-louis-david-1793-9035080.html.

Gombrich, E. H. *The Story of Art*. Oxford, UK: Phaidon, 1978.

Gottschalk, L. R. *Jean Paul Marat: A Study in Radicalism*. Chicago: The University of Chicago Press, 1967.

Jelinek, J. E. "Jean-Paul Marat: The Differential Diagnosis of His Skin Disease." *The American Journal of Dermatopathology* 1, no. 3 (1979): 251–252.

Schama, S., and J. Livesey. *Citizens: A Chronicle of the French Revolution*. London: Royal National Institute of the Blind, 2005.

바이런 경의 발

Browne, D. "The Problem of Byron's Lameness." *Proceedings of the Royal Society of Medicine* 53, no. 6 (1960): 440–442. doi: 10.1177/003591576005300615.

Buzwell, G. "Mary Shelley, Frankenstein and the Villa Diodati." *Discovering Literature: Romantics & Victorians*, May 15, 2014. https://www.bl.uk/romantics-and-victorians/articles/mary-shelley-frankenstein-and-the-villa-diodati#.

Hernigou, P., et al. "History of Clubfoot Treatment, Part I: From Manipulation in Antiquity to Splint and Plaster in Renaissance

Before Tenotomy." *International Orthopaedics* 41, no. 8 (2017): 1693 – 1704. doi: 10.1007/s00264-017-3487-1.

MacCarthy, F. *Byron: Life and Legend*. London: John Murray, 2002.

Marchand, L. A. *Byron: A Biography*. Volumes 1 and 2. New York: Knopf, 1957.

Miller, D. S., and E. Davis. "Disabled Authors and Fictional Counterparts." *Clinical Orthopaedics and Related Research* 89 (1972): 76 – 93.

Mole, T. "Lord Byron and the End of Fame." *International Journal of Cultural Studies* 11, no. 3 (2008): 343 – 361. https://doi.org/10.1177/1367877908092589.

해리엇 터브먼의 뇌

Bradford, S. H. *Scenes in the Life of Harriet Tubman*. Auburn, NY: W. J. Moses, 1869.

Clinton, C. *Harriet Tubman: The Road to Freedom*. Boston: Back Bay Books, 2004.

Hobson, J. "Of 'Sound' and 'Unsound' Body and Mind: Reconfiguring the Heroic Portrait of Harriet Tubman." *Frontiers: A Journal of Women Studies* 40, no. 2 (2019): 193 –

218. doi: 10.5250/fronjwomestud.40.2.0193.

Humez, J. M. "In Search of Harriet Tubman's Spiritual Autobiography." *NWSA Journal* 5, no. 2 (1993): 162 – 182. http://www.jstor.org/stable/4316258.

Oertel, K. T. *Harriet Tubman: Slavery, the Civil War, and Civil Rights in the 19th Century.* New York: Routledge, 2016.

Sabourin, V. M., et al. "Head Injury in Heroes of the Civil War and Its Lasting Influence." *Neurosurgical Focus* 41, no. 1 (2016): E4. doi: 10.3171/2016.3.FOCUS1586.

Seaberg, M., and D. Treffert. "Harriet Tubman an Acquired Savant, Says Rain Man's Doctor: Underground Railroad Heroine Had Profound Gifts After a Head Injury." *Psychology Today*, February 1, 2017.

벨 가족의 귀

Booth, K. *The Invention of Miracles: Language, Power, and Alexander Graham Bell's Quest to End Deafness.* New York: Simon & Schuster, 2021.

Bruce, R. V. Bell: Alexander Graham *Bell and the Conquest of Solitude.* Ithaca, NY: Cornell University Press, 1990.

Gorman, M. E., and W. B. Carlson. "Interpreting Invention as a Cognitive Process: The Case of Alexander Graham Bell, Thomas Edison, and the Telephone." *Science, Technology, & Human Values* 15, no. 2 (1990): 131 – 164. doi: 10.1177/016224399001500201.

Gray, C. *Reluctant Genius: Alexander Graham Bell and the Passion for Invention.* Toronto: HarperCollins, 2007.

Greenwald, B. H. "The Real 'Toll' of A. G. Bell." *Sign Language Studies* 9, no. 3 (2009): 258 – 265.

Greenwald, B. H., and J. V. Van Cleve. "A Deaf Variety of the Human Race: Historical Memory, Alexander Graham Bell, and Eugenics." *The Journal of the Gilded Age and Progressive Era* 14, no. 1 (2015): 28 – 48.

Mitchell, S. H. "The Haunting Influence of Alexander Graham Bell." *American Annals of the Deaf* 116, no. 3 (1971): 349 – 356. http://www.jstor.org/stable/44394260.

"Signing, Alexander Graham Bell and the NAD." *Through Deaf Eyes*, PBS.org. https://www.pbs.org/weta/throughdeafeyes/deaflife/bell_nad.html.

카이저 빌헬름의 팔

Clark, C. Kaiser Wilhelm II. New York: Routledge, 2013.

Hubbard, Z. S., et al. "Commentary: Brachial Plexus Injury and the Road to World War I." *Neurosurgery* 82, no. 5 (2018): E132 – E135. doi: 10.1093/neuros/nyy034.

Jacoby, M. G. "The Birth of Kaiser William II (1859 – 1941) and His Birth Injury." *Journal of Medical Biography* 16, no. 3 (2008): 178 – 183. doi: 10.1258/jmb.2007.007030.

Jain, V., et al. "Kaiser Wilhelm Syndrome: Obstetric Trauma or Placental Insult in a Historical Case Mimicking Erb's Palsy." *Medical Hypotheses* 65, no. 1 (2005): 185 – 191. doi: 10.1016/j.mehy.2004.12.027.

Kohut, T. A. *Wilhelm II and the Germans: A Study in Leadership.* Oxford, UK: Oxford University Press, 1991.

Owen, J. "Kaiser Wilhelm II's Unnatural Love for His Mother 'Led to a Hatred of Britain.'" *The Independent*, November 16, 2013.

메리 맬런의 쓸개

Aronson, S. M. "The Civil Rights of Mary Mallon." *Rhode Island*

Medicine 78 (1995): 311 – 312.

Bourdain, A. *Typhoid Mary*. New York: Bloomsbury, 2001.

Dowd, C. *The Irish and the Origins of American Popular Culture*. Oxfordshire, UK: Routledge, 2018.

Leavitt, J. W. "'Typhoid Mary' Strikes Back: Bacteriological Theory and Practice in Early Twentieth–Century Public Health." *Isis* 83, no. 4 (1992): 608 – 629. http://www.jstor.org/stable/234261.

Marinelli, F., et al. "Mary Mallon (1869 – 1938) and the History of Typhoid Fever." *Annals of Gastroenterology* 26, no. 2 (2013): 132 – 134.

Soper, G. A. "The Curious Career of Typhoid Mary." *Bulletin of the New York Academy of Medicine* 15, no. 10 (1939): 698 – 712.

Wald, P. "Cultures and Carriers: 'Typhoid Mary' and the Science of Social Control." *Social Text* no. 52/53 (1997): 181 – 214. doi: 10.2307/466739.

레닌의 피부

Fann, W. E. "Lenin's Embalmers." *The American Journal of Psychiatry* 156, no. 12 (1999): 2006 – 2007.

Lophukhin, I. M. *Illness, Death, and the Embalming of V. I. Lenin: Truth and Myths.* Moscow: Republic, 1997.

"Preserving Chairman Mao: Embalming a Body to Maintain a Legacy." *The Guardian*, September 11, 2016. https://www. theguardian.com/world/2016/ sep/11/preserving-chairman-mao-embalming-a-body-to-maintain-a-legacy.

Yegorov, O. "After Death Do Us Part: How Russian Embalmers Preserve Lenin and His 'Colleagues.'" *Russia Beyond*, November 16, 2017. https://www.rbth.com/ history/326748-after-death-do-us-part-russian-art-of-embalming.

Yurchak, A. "Bodies of Lenin: The Hidden Science of Communist Sovereignty." *Representations* 129 (2015): 116 – 157.

치우진의 발

"1907: Qiu Jin, Chinese Feminist and Revolutionary." ExecutedToday.com, July 15, 2011. http://www. executedtoday.com/tag/chiu-chin.

Hagedorn, L. S. and Y. Zhang (Leaf). "China's Progress Toward Gender Equity: From Bound Feet to Boundless Possibilities." PhD dissertation, Iowa State University, 2010.

Hong, F., and J. A. Mangan. "A Martyr for Modernity: Qui Jin— Feminist, Warrior and Revolutionary." *The International Journal of the History of Sport* 18 (2001): 27 – 54.

Keeling, R. "The Anti-Footbinding Movement, 1872 – 1922: A Cause for China Rather Than Chinese Women." *Footnotes* 1 (2008): 12 – 18.

Wang, D. D-W. *A New Literary History of Modern China.* Cambridge, MA: Harvard University Press, 2017.

Wang, P. *Aching for Beauty: Footbinding in China.* New York: Anchor Books, 2000.

Zarrow, P. "He Zhen and Anarcho-Feminism in China." *The Journal of Asian Studies* 47, no. 4 (1988): 796 – 813.

아인슈타인의 뇌

Altman, L. K. "So, Is This Why Einstein Was So Brilliant?" *New York Times,* June 18, 1999.

Arenn, C. F., et al. "From Brain Collections to Modern Brain Banks: A Historical Perspective." *Alzheimer's & Dementia: Translational Research & Clinical Interventions* 5 (2019): 52 – 60. https://www.ncbi.nlm.nih.gov/pmc/articles/

PMC6365388.

Burrell, B. *Postcards from the Brain Museum: The Improbable Search for Meaning in the Matter of Famous Minds*. New York: Broadway Books, 2005.

Goff, J. "Mussolini's Mysterious Stay at St. Elizabeths." Boundary Stones, WETA.org, July 28, 2015. https://boundarystones. weta.org/2015/07/28/ mussolini%E2%80%99s-mysterious-stay-st-elizabeths.

Hughes, V. "The Tragic Story of How Einstein's Brain Was Stolen and Wasn't Even Special." *National Geographic*, April 21, 2014. https://www.nationalgeographic.com/science/article/the-tragic-story-of-how-einsteins-brain-was-stolen-and-wasnt-even-special#close.

Kremer, W. "The Strange Afterlife of Einstein's Brain." BBC, April 18, 2015. https://www.bbc.com/news/magazine-32354300.

Lepore, F. E. *Finding Einstein's Brain*. New Brunswick, NJ: Rutgers University Press, 2018.

Levy, S. "My Search for Einstein's Brain." *New Jersey Monthly*, August 1, 1978. https://njmonthly.com/articles/historic-jersey/ the-search-for-einsteins-brain.

Murray, S. "Who Stole Einstein's Brain?" *MD Magazine*, April 9, 2019. https://www.hcplive.com/view/who-stole-einsteins-brain.

프리다 칼로의 척추

Courtney, C. A. "Frida Kahlo's Life of Chronic Pain." Oxford University Press Blog, January 23, 2017. https://blog.oup.com/2017/01/frida-kahlos-life-of-chronic-pain.

Frida Kahlo Foundation. "Frida Kahlo: Biography." www.frida-kahlo-foundation.org.

Fulleylove, R. "Exploring Frida Kahlo's Relationship with Her Body." Google Arts & Culture. https://artsandculture.google.com/story/EQICSfueb1ivJQ?hl=en.

Herrera, H. *Frida: A Biography of Frida Kahlo*. New York: Harper Perennial, 2002.

Luiselli, V. "Frida Kahlo and the Birth of Fridolatry." *The Guardian*, June 11, 2018. https://www.theguardian.com/artanddesign/2018/jun/11/frida-kahlo-fridolatry-artist-myth.

Olds, D. "Frida Isn't Free: The Murky Waters of Creating Crafts with Frida Kahlo's Image and Name." Craft Industry Alliance, October 22, 2019. https://craftindustryalliance.org/fridaisnt-free-the-murky-waters-of-creating-crafts-with-frida-kahlos-image-and-name.

Rosenthal, M. *Diego and Frida: High Drama in Detroit.* Detroit, MI: Detroit Institute of Arts, 2015.

Salisbury, L. W. "Rolling Over in Her Grave: Frida Kahlo's Trademarks and Commodified Legacy." Center for Art Law, August 2, 2019. https://itsartlaw.org/2019/08/02/rolling-over-in-her-grave-frida-kahlos-trademarks-and-commodified-legacy.

Sola-Santiago, F. "Cringeworthy 1932 Newspaper Clip Called Frida Kahlo 'Wife of the Master Mural Painter' Diego Rivera." Remezcla, August 15, 2018. https://remezcla.com/culture/1932-newspaper-clip-called-frida-kahlo-wife-of-the-master-mural-painter-diego-rivera.

앨런 셰퍼드의 방광

Best, S. L., and K. A. Maciolek. "How Do Astronauts Urinate?" *Urology* 128 (2019): 9 – 13.

Brueck, H. "From Peeing in a 'Roll-on Cuff' to Pooping into a Bag: A Brief History of How Astronauts Have Gone to the Bathroom in Space for 58 Years." *Business Insider*, July 17, 2019. https://www.businessinsider.com/ how-nasa-astronauts-pee-and-poop-in-space-2018-8.

Hollins, H. "Forgotten Hardware: How to Urinate in a Spacesuit." *Advances in Physiology Education* 37 (2013): 123 – 128.

Maksel, R. "In the Museum: Toilet Training." *Air and Space Magazine*, September 2009.

Thornton, W., H. Whitmore, and W. Lofland. "An Improved Waste Collection System for Space Flight." SAE Technical Paper, 861014, July 14, 1986. https://doi.org/10.4271/861014.

감사의 글

이 책은 글쓰기에 대한 사랑이 이뤄낸 산물이자 많은 사람들의 도움과 응원 덕분에 탄생하게 되었습니다. 당연한 말이지만, 저녁식사 시간마다 다양한 장기와 팔다리를 비롯해 몸에 관해 너무 자주 이야기하는 우리를("그거 알아? 쓸개에 병이 생기면 정말…….") 참아준 각자의 가족들(알렉스, 로렌, 마이클, 랜디, 슬라이, 이본)에게 감사를 전하고 싶습니다.

책을 깊이 있게 이해하고 놀라울 정도로 말끔한 편집 실력을 보여준 우리의 훌륭한 편집자 베카 헌트, 우리가 상상하던 것보다 훨씬 좋은 디자인을 해준 북 디자이너 제이콥 코비, 세심하게 책을 읽고 딱 맞는 아이디어와 제안을 내놓은 도미니크 리어, 전문가다운 말끔한 결과물을 보여준 교열 담당자 미카일라 부차트, 매의 눈으로 원고를 교정해 준 캐런 레비, 그리고 이 밖에 훌륭한 도움을 준 크로니클 출판사의 모든 분들에게 고맙습니다. 우리 에이전트 안드레아 솜버그에게도 무척 고맙고, 안드레아가 출산 휴가를 떠난 동안 프로젝트를 맡아서 우리를 응원해 주고 크로니클 출판사에서 책을 출간하도록 이끌어준 웬디 레빈슨에게도 특별한 감사를 전합니다.

여러분이 없었다면 우리의 작품이라는 몸body에 이 책을 추가할 수 없었을 겁니다!

몸으로 읽는 세계사

사소한 몸에 숨겨진 독특하고 거대한 문명의 역사

초판 1쇄 발행 2023년 1월 12일
초판 2쇄 발행 2023년 2월 6일

지은이 캐스린 페트라스 & 로스 페트라스
옮긴이 박지선
펴낸이 김선식

경영총괄 김은영
콘텐츠사업본부장 임보윤
책임편집 김민경   **책임마케터** 배한진
콘텐츠개발8팀 김상영, 강대건, 김민경
편집관리팀 조세현, 백설희   **저작권팀** 한승빈, 김재원, 이슬

마케팅본부장 권장규   **마케팅3팀** 권오권, 배한진
미디어홍보본부장 정명찬   **디자인파트** 김은지, 이소영   **유튜브파트** 송현석
브랜드관리팀 안지혜, 오수미   **크리에이티브팀** 임유나, 박지수, 김화정
뉴미디어팀 김민정, 홍수경, 서가을
재무관리팀 하미선, 윤이경, 김재경, 안혜선, 이보람
인사총무팀 강미숙, 김혜진, 지석배
제작관리팀 박상민, 최완규, 이지우, 김소영, 김진경, 양지환
물류관리팀 김형기, 김선진, 한유현, 전태환, 전태연, 양문현, 최창우
외부스태프 김태양(표지디자인/본문 조판)

펴낸곳 다산북스   **출판등록** 2005년 12월 23일 제313-2005-00277호
주소 경기도 파주시 회동길 490
전화 02-704-1724   **팩스** 02-703-2219   **이메일** dasanbooks@dasanbooks.com
홈페이지 dasan.group   **블로그** blog.naver.com/dasan_books
종이 신승지류   **출력·인쇄** 갑우문화사   **코팅 및 후가공** 제이오엘엔피   **제본** 갑우문화사
ISBN 979-11-306-9530-3 (03900)

다산북스(DASANBOOKS)는 독자 여러분의 책에 관한 아이디어와 원고 투고를 기쁜 마음으로 기다리고 있습니다. 책 출간을 원하는 분은 다산북스 홈페이지 '투고원고'란으로 간단한 개요와 취지, 연락처 등을 보내주세요. 머뭇거리지 말고 문을 두드리세요.